现代休闲体育运动与产业发展研究

董跃春 著

北京工业大学出版社

图书在版编目（CIP）数据

现代休闲体育运动与产业发展研究 / 董跃春著. —北京：北京工业大学出版社，2022.4
　　ISBN 978-7-5639-8323-0

　　Ⅰ. ①现… Ⅱ. ①董… Ⅲ. ①休闲体育－体育产业－产业发展－研究－中国 Ⅳ. ① G812.4

中国版本图书馆 CIP 数据核字（2022）第 071505 号

现代休闲体育运动与产业发展研究
XIANDAI XIUXIAN TIYU YUNDONG YU CHANYE FAZHAN YANJIU

著　　者：	董跃春
责任编辑：	张　娇
封面设计：	知更壹点
出版发行：	北京工业大学出版社
	（北京市朝阳区平乐园 100 号　邮编：100124）
	010-67391722（传真）　　bgdcbs@sina.com
经销单位：	全国各地新华书店
承印单位：	唐山市铭诚印刷有限公司
开　　本：	710 毫米 ×1000 毫米　1/16
印　　张：	10.75
字　　数：	215 千字
版　　次：	2023 年 4 月第 1 版
印　　次：	2023 年 4 月第 1 次印刷
标准书号：	ISBN 978-7-5639-8323-0
定　　价：	72.00 元

版权所有　　翻印必究

（如发现印装质量问题，请寄本社发行部调换 010-67391106）

作者简介

董跃春，男，1970年3月生，黑龙江省哈尔滨市人。2016年毕业于华南师范大学体育科学学院，获体育人文社会学博士学位，现任广东海洋大学体育与休闲学院专任教师。任现职以来，从事体育科研及社会体育理论教学工作，历年教学评价良好。

从教以来，主讲"体育科研方法""社区体育导论"等多门体育学专业理论课程。参与国家体育总局人文社科规划项目《日本培养竞技运动员"一贯体制"指导研究》《体育的经济与政策(スポーツの経済と 政策)译介》等课题研究；主持广东省体育局《日本职业高中体育专门学科发展的研究》、广东海洋大学人文社科项目《高校公体自组织教学促进学生实践创新能力发展的研究》等厅级课题；曾在《体育科学》《体育学刊》等发表多篇学术论文。

前　言

休闲体育运动和竞技体育运动一样，都可以达到强健体魄的目的。而休闲体育运动的娱乐性较强，能够有效地舒缓工作压力，对促进人体身心健康及丰富人们的生活具有非常重要的意义。目前利用闲暇时间参加休闲体育活动的人数不断增长，休闲体育运动被越来越多的人接受，已经成为人们业余生活不可或缺的内容，同时也是社会体育的重要组成部分。

目前，我国正处于发展的新时代，面临着全新的发展机遇。休闲体育产业作为重要的国民经济产业，应该全力抓住发展时机，战胜发展中的困难，用更有效的发展对策为建设社会主义现代化强国、实现健康中国做出贡献。

全书共七章。第一章为绪论，主要阐述了休闲文化与休闲时代的来临、休闲体育运动的产生与发展、休闲体育运动的特点与分类、休闲体育运动的价值等内容；第二章为现代休闲体育运动的现状，主要阐述了国外休闲体育运动的现状、我国休闲体育运动的现状、影响休闲体育运动发展的因素等内容；第三章为不同群体的休闲体育运动，主要阐述了不同年龄群体的休闲体育运动、不同性别群体的休闲体育运动、不同社会阶层的休闲体育运动等内容；第四章为户外运动与拓展训练的科学指导，主要包括户外运动概述、户外运动与拓展训练的模式、户外运动与拓展训练的安全原则、户外运动与拓展训练的安全保障等内容；第五章为现代体育赛事产业的发展，主要阐述了体育赛事产业基本理论、国内外体育赛事产业的发展、现代体育赛事的营销策略等内容；第六章为现代休闲体育旅游产业的发展，包括休闲体育旅游产业概述、国内外休闲体育旅游产业的发展、滨海休闲体育旅游产业的可持续发展等内容；第七章为现代休闲体育健身产业的发展，主要阐述了休闲体育健身产业基本理论、国内外休闲体育健身产业的发展、现代休闲体育健身产业的市场营销策略等内容。

为了确保研究内容的丰富性和多样性，笔者在写作过程中参考了大量理论与研究文献，在此向涉及的专家、学者们表示衷心的感谢。最后，限于笔者水平，加之时间仓促，本书难免存在一些不足之处，在此恳请同行专家和读者朋友批评指正！

目 录

第一章 绪 论 ·· 1
第一节 休闲文化与休闲时代的来临 ·············· 1
第二节 休闲体育运动的产生与发展 ·············· 7
第三节 休闲体育运动的特点与分类 ·············· 15
第四节 休闲体育运动的价值 ·············· 21

第二章 现代休闲体育运动的现状 ·············· 24
第一节 国外休闲体育运动的现状 ·············· 24
第二节 我国休闲体育运动的现状 ·············· 27
第三节 影响休闲体育运动发展的因素 ·············· 31

第三章 不同群体的休闲体育运动 ·············· 36
第一节 不同年龄群体的休闲体育运动 ·············· 36
第二节 不同性别群体的休闲体育运动 ·············· 53
第三节 不同社会阶层的休闲体育运动 ·············· 59

第四章 户外运动与拓展训练的科学指导 ·············· 68
第一节 户外运动概述 ·············· 68
第二节 户外运动与拓展训练的模式 ·············· 76
第三节 户外运动与拓展训练的安全原则 ·············· 81
第四节 户外运动与拓展训练的安全保障 ·············· 82

第五章 现代体育赛事产业的发展 ·············· 92
第一节 体育赛事产业基本理论 ·············· 92

  第二节 国内外体育赛事产业的发展 ································· 100
  第三节 现代体育赛事的营销策略 ····································· 105

第六章 现代休闲体育旅游产业的发展 ······································· 111
  第一节 休闲体育旅游产业概述 ·· 111
  第二节 国内外休闲体育旅游产业的发展 ······························ 118
  第三节 滨海休闲体育旅游产业的可持续发展 ························ 138

第七章 现代休闲体育健身产业的发展 ······································· 142
  第一节 休闲体育健身产业基本理论 ··································· 142
  第二节 国内外休闲体育健身产业的发展 ······························ 146
  第三节 现代休闲体育健身产业的市场营销策略 ····················· 151

参考文献 ··· 163

第一章 绪 论

休闲体育运动作为社会体育的一个重要组成部分，其作用和价值很多，参加休闲体育运动可以感受大自然、放松心情、锻炼身体、有利健康，休闲体育运动还能增进世界各国之间的交流与合作。休闲体育运动已经成为现代人的生活中不可或缺的一部分，我们也应该大力发展休闲体育运动。本章分为休闲文化与休闲时代的来临、休闲体育运动的产生与发展、休闲体育运动的特点与分类、休闲体育运动的价值四部分，主要包括休闲文化概述、休闲时代的到来、远古时代的休闲体育运动、农业时代的休闲体育运动、休闲体育运动的多重属性、休闲体育运动的特点、休闲体育运动的分类等内容。

第一节 休闲文化与休闲时代的来临

一、休闲文化概述

休闲文化是一种随着休闲活动的不断开展而出现的新型文化形态，对于人的全面发展发挥着日益重要的作用。为了对其进行深入研究，首先需要明确休闲以及休闲文化的本质内涵，把握休闲文化的基本特征和主要构成等基本内容。

（一）休闲文化的相关概念

1. 休闲的本质内涵与分类

"休闲"一词最早出现在古希腊。那时，它是指娱乐与教育活动，人们认为这种将教育作为前提的娱乐活动有助于提升人们的文化水平，具有重要的社会价值。后来广泛使用的英语"Leisure"，其词义是人们脱离日常的生产劳动后在闲暇时间开展自主性的活动，从而促进自身的发展。从西方词义的溯源来看，"休闲"这个词含有提升人的文化水平和促进人的发展的内在意蕴。

在我国,"休闲"这个词可以追溯至先秦时期。在那时,"休"与"闲"是被分开使用的。关于"休"字,《说文解字》中有"休,息止也,从人依木"的说法。古代的人主要进行田间劳作,当身体感到疲倦时就会倚着树木休息。因此,"休"有通过休息缓解疲惫与压力的意味。然而,在先秦汉语当中,"休"并非只表示休息,它还表示人们的一种喜悦的情绪状态。由此可知,在先秦时期,"休"除了含有停止劳动、恢复体力的意思,还含有人们在闲暇时间自主开展健康有益的活动,从而达到一种愉悦状态的意思。关于"闲",《说文解字》中有"闲,阑也,从门中有木"的说法,也就是在门口起到遮拦作用的木栏。在这里,它可以表示道德、法度。除了这个含义,"闲"字还有"安宁、娴静"之义。

由此可知,一方面,"休"和"闲"彼此联系、内在统一,在获得安宁、娴静以后,人们的内心会感受到喜悦。另一方面,将"休"与"闲"二字放在一起合称为"休闲",既反映了劳作与休闲的辩证关系,又表达了人们在享受美好生活的同时需要遵循社会规范的内涵。

伴随着人类社会的不断发展,休闲的种类、方式以及内容逐渐呈现多样化趋势,由此学者们界定休闲的角度与领域也日益广泛化。从时间的角度来定义"休闲",休闲是指日常工作之外能够被人们自由安排和自由决定的时间。在这段时间里,人们有机会自主选择爱好的事情,从而达到心灵上的愉悦。从活动方式的角度来定义"休闲",休闲是指拥有一定闲暇时间的人们按照自己的想法开展的自由自主的活动方式,主要包括放松娱乐类休闲方式与自我发展类休闲方式。从心态的角度来定义"休闲",休闲的目的是帮助人们实现心灵上的自由、满足和愉悦。而马克思理解的"休闲",一部分是可以被用来娱乐与消遣的时间,另一部分是可以被用来发展智力与增长才能的时间,主要可以分为个人受教育的时间、发展智力的时间、履行社会职能的时间、进行社交活动的时间、自由运用体力和智力的时间。

人们可以利用休闲对自己的生活与生命进行深入思考,从而使自我获得更加成熟的思想与个性,促进自身各方面的发展。休闲的价值不只在于物质层面,更在于精神层面,它是人们实现自我全面发展的重要途径之一。

通过上述内容可以发现,休闲具有两个核心要义——自由与发展。由此我们得出了休闲的本质内涵,它是一种作为主体的人在社会必要劳动时间之外的闲暇时间里进行自主活动,从而满足自身的多种需求,更好地发展个性,旨在实现自我全面发展的存在状态。其一,休闲要求主体拥有一定的能够自主支配的闲暇时间，这是休闲得以实现的前提条件。其二，休闲呈现的是一种自由的状态，它是主体在摆脱外在压力的条件下，依据自身的喜好而做出的休闲选择，有利于彰显自身的自由个性。其三，在参与休闲的过程中，主体能够体会到愉悦的感觉，这种美好的感觉是休闲主体的某个方面的需求得到满足、某种能力得以发展后获得的一种精神状态，它强调的是主体的身心发展。

休闲具有层次性。依据休闲的目的来划分，它主要包括娱乐消遣型、学习技能型和艺术创造型三种不同的活动；依据休闲的性质来划分，它主要包括积极的休闲、中性的休闲和消极的休闲三种不同性质的休闲选择。其中，积极的休闲指的是能够发挥人的能动性与创造性，丰富人的精神世界的休闲方式，主要有运动、交际、创作、观赏等活动类型。这是我们积极提倡并努力追求的休闲。中性的休闲指的是单纯为了缓解工作压力而进行的适度的消遣与娱乐。这是人生存和发展中的重要休闲。消极的休闲指的是不利于人的身心健康、对人的发展有害的休闲方式。这是我们必须反对并且尽可能避免的休闲。

2. 休闲文化的本质内涵

（1）休闲文化属于人学范畴

人学是研究人的存在及其产生、运动、发展、变化规律的学科。一方面，人的存在是以自身的生产与再生产为前提条件的，而人的再生产不仅需要人们通过付出劳动从自然界当中获得一定的物质与能量，更需要人们利用闲暇时间来恢复体力与精神，获取知识与智慧，即人类需要休闲。另一方面，人存在的最终目的是彰显自身的本质力量，得到尊严与幸福。而人们在休闲中更能感悟生命的真谛，发挥自身的本质力量。因此，可以说，休闲是助推人"成为人"的重要手段，休闲与休闲文化是人学研究需要关注的重要内容。

（2）休闲文化属于文化范畴

文化是人类在社会历史不断发展的过程中创造出来的所有物质现象与精神现象的总和，主要表现为物质文化、制度文化以及观念文化三个方面。我国实行改革开放之后，社会生产力得到极大发展，大众闲暇时间逐渐增多，物质条件日益改善，使得人们的生活方式发生改变，开始步入休闲生活。休闲文化由此产生并不断发展。综合分析，休闲文化是指人类社会发展到一定阶段时，社会群体（部分或整体）的闲暇时间日益增多，休闲活动不断丰富的休闲生活中形成的反映主体的休闲特征和社会状况的全部物质与精神现象的总和，主要表现为休闲物质文化、休闲制度文化与休闲观念文化三个层面。其中，休闲物质文化主要是指保障主体休闲需求的各种休闲供给；休闲制度文化主要是指对休闲主体与休闲产品提供者起到约束和引导作用的休闲制度；休闲观念文化主要是指休闲活动主体的多样化休闲价值取向与价值观念，它是休闲文化的核心层面。

（二）休闲文化的基本特征

1. 享受性

享受性指的是休闲文化不同于一般的文化，它首先就是为了让人们在和谐的休闲环境中摆脱日常的工作压力与生活烦恼，从而获得身心愉悦以及自我发展，自然而然地进入一种精神放松的享受状态。这种轻松愉悦的享受状态是人们在与谋生连在一起的工作中很难得到的，它的获得往往需要借助健康科学的休闲活动。丰富的休闲供给、和谐的休闲环境以及科学的休闲价值观都能够帮助人们选择积极的休闲活动，进而促进人的身心愉悦，彰显人的自由个性。因此，休闲文化具有帮助人们暂时摆脱日常劳动、收获身心快乐、释放自由个性的特点，逐渐成为人类彰显自身本质力量的重要内容。

2. 自主性

自主性指的是休闲文化与人的自由自主的休闲活动紧密相关，它能够充分彰显人的自由个性。人们可以在闲暇时间内依据自己的喜好选择休闲活动，从被动的工作中解脱出来，积极主动地投身到自主选择的活动中，从而最大限度地发挥自我的能动作用，激发自身的创造能力。我们在日常工作中接触的文化，不少是为了生存而强迫自己去接受的义务性的、商业性的文化，如企业文化、职场文化等，它们并非我们主动选择的能够彰显自身本质力量的内容。而休闲文化则明显不同，它是人们自主自愿选择的结果，不仅能够反映每个人的喜好、兴趣，而且还可以为人们发挥自主性提供条件，促进人们的自主学习与自主创造。

3. 复杂性

复杂性指的是休闲文化参与主体广泛、层次多样。其一，休闲文化的参与主体涵盖面比较广，几乎包括了社会中不同年龄、民族、职业、居住环境等层面的人群。其二，休闲文化具有不同的层次。根据休闲内容的不同，休闲文化主要包括公共休闲文化、大众娱乐文化以及高雅休闲文化三个方面。公共休闲文化一般指的是政府与各类社会组织向社会大众开放的日常休闲场所，如公园、图书馆和纪念馆等。大众娱乐文化一般指的是游乐园、购物广场、影视作品、流行音乐和网络直播平台等。高雅休闲文化一般指的是那些被精心创作，具有独特风格、审美情趣和民族特点的艺术精品，如经典著作、民族舞、昆曲、京剧等。依据休闲性质的不同，休闲文化主要包括积极休闲文化、中性休闲文化以及消极休闲文化三个方面。积极休闲文化是指人们做出的旨在提升自我的能力和发挥创造性，丰富精神生活的休闲选择，如阅读经典、运动健身、欣赏民族舞蹈等。中性休闲文化是指人们做出的旨在缓解工作压力、放松身心、满足物质享受的休闲选择，如商场购物、网上聊天、公园玩耍等。消极休闲文化是指人们做出的过度追求物质享乐，对自我身心健康有害的错误休闲选择，如聚众赌博、沉溺网络等，这些属于不健康的文化内容。因此，我们倡导积极休闲文化和中性休闲文化，反对并抵制消极休闲文化。

4. 发展性

发展性指的是健康有益的休闲文化能够引导人们开展积极的休闲活动，从而实现自我与社会的发展。这个发展过程不但表现为简单的身强体健、神采飞扬等身体上的健康成长，而且也表现为复杂的审美情趣的唤醒、思想境界的提高等心理上的日益发展。

此外，休闲文化活动能够帮助人们从劳累的工作当中解脱出来，在自由的休闲环境中放松大脑，激发自身的创作灵感，从而促使人们尽情彰显才能，主动创新创造，推动自我与社会的发展。王永明曾说："现代休闲不是被动和闲散的时间，而是积极活动的领域和创造的领域。"由此可见，休闲文化的发展性不仅有利于个体的完善和进步，而且有助于推动社会的创造与发展。

（三）休闲文化的主要构成

1. 休闲供给

休闲供给指的是国家或者社会在人们进行休闲活动的过程中提供的各类休闲产品与休闲设施。例如，一些对外开放的公园、图书馆、体育馆、博物馆等公共休闲场所都属于休闲供给的内容。这些休闲场所为人们在闲暇时间内开展休闲活动提供了一些选择，有利于提升人们的生活品质。

与此同时，休闲产业的繁荣发展也能够为主体提供更加丰富、优质的休闲产品，从而使主体的多样化休闲需求得以满足，休闲经济得以繁荣，休闲文化得以发展。为了保障休闲供给，政府需要加强建设基础性休闲设施，优化休闲产业结构，推动休闲产业的健康发展。

2. 休闲制度

休闲制度指的是对休闲主体与休闲产品供给者的行为具有约束与引导作用的公共服务和公共管理等政策内容。其中，公共服务主要是制定各种休假政策，增加大众的闲暇时间，保障大众的休闲权利。国家通过制定和落实休假政策，促使人们在假日可以真正享受休闲，增强幸福感。公共管理主要是制定各种休闲方面的法律规定，并通过严格执行规定来确保休闲制度的贯彻落实，从而引导各种休闲服务组织遵守国家法律规范，提供高质量的休闲产品与休闲服务，满足大众休闲需求，推动休闲文化的健康发展。

3. 休闲观念

休闲观念指的是人们在休闲活动中形成的有关休闲的基本认识和看法。观念不同，人们的休闲选择难免不同。有的人认为休闲就是在闲暇时间里单纯地睡觉、放松身体；有的人认为休闲是在闲暇时间内做任何想做的事情，满足自己的欲望；还有的人认为休闲是充分利用好闲暇时间，更好地提升发展自己。实践是认识的基础，理论指导实践。主体在不同的休闲活动中会产生不同的休闲观念，这些休闲观念反过来又会引导人的休闲活动。其中，正确的休闲观念会指导人们进行积极健康的休闲活动，而错误的休闲观念则会诱导人们进行消极被动的休闲活动，后者不利于人的自我发展。

为了形成正确的休闲观念，我们应该重新审视休闲的价值目标，在正确价值目标的指引下理性地安排自身的休闲活动，更多地选择一些积极休闲活动和中性休闲活动，在参与活动的过程中感受休闲的真正魅力，从而形成正确的休闲观念。

二、休闲时代的到来

（一）闲暇时间增多为人们休闲提供了时代条件

经济学家成思危认为，大约1万年前，当人类进入农耕时代时，只有10%的时间用于休闲；当工匠和手工业者出现时，则剩下了17%的时间用于休闲；到了蒸汽机时代，由于生产力水平的提高，人类将休闲时间的比例增加到23%；到了20世纪90年代，电子化的动力机器提高了每一类工作的速度，使得人们能将生活中41%的时间用于进行娱乐休闲。据此推断，随着信息化和知识经济时代的到来，人类在21世纪的社会生产力水平将会不断提高，因而人类将拥有比以往任何时候都多的闲暇时间，这为人们参与各种休闲活动提供了必不可少的时间条件。

（二）经济收入增加为人们休闲提供了物质基础

仅有大量的闲暇时间还不足以使人类的休闲活动成为一种现实，还需要在物质生活方面有所改善。因为经济基础决定上层建筑，只有当人们的基本物质生活需求得到满足后，他们才有能力、有心思去享受崇高的精神生活，因而休闲必定是经济发展的产物。根据马斯洛的需求层次理论可知，当人的低层次需求满足后，必然会产生高层次的需求。也就是说，当人类解决了吃、住、穿等基本问题后，便有了向高层次精神消费发展的需求。

因此，随着社会财富的不断增加以及老百姓可支配收入的不断增长，人们的物质生活水平将会得到提高，休闲消费水平也会不断提高。当人类的基本生活需求得到满足后，就会考虑自身发展的问题，休闲活动作为人们闲暇时间里满足生活需要的生活方式，自然就会进入人们的日常生活之中。

（三）自身需求增长为人们休闲提供了内在动力

当今社会，人们经常会陷入生活的矛盾之中。人的日益社会化伴随着人的生活无聊化，人渴望友谊与情爱却伴随着不断的恶性竞争和孤独。这些矛盾使传统家庭与社会之间的纽带被切断，一种个人孤独而又怪异的生活方式在延长的闲暇中产生。个人生活的孤独感使个人与现实世界的联系日渐疏远，使人处于一种失范的状态，因此社会上便可能产生赌博、吸毒等危害社会的不良现象，这将使现代人陷入尴尬的境地。怎样才能摆脱困境？仅靠一种方式或途径显然不行，而积极的休闲活动是多种途径中的一个有效方式，因为休闲活动作为一种以满足和适应小康社会中人们自身发展需求的新型活动方式，可以向人们提供社会规范教育的场所以及践行社会规范的模拟机会。同时在人的社会化过程中，休闲活动能培养现代人健康的竞争意识，拓宽视野，强健体魄，丰富人们的情感生活。

第二节　休闲体育运动的产生与发展

一、远古时代的休闲体育运动

《文子·自然》曰："往古来今谓之宙，四方上下谓之宇。"宇宙初形成时天地一片鸿蒙，天地究竟如何出现，人类究竟如何产生，在当时并未得到很好的解释。人类在不知不觉中就存在于这个世界，于是有了"盘古开天辟地""女娲造人"的传说。在科学技术完全不发达的远古时代，自然界还未受到人类所创造的技术的改造和破坏，人类刚刚解放双手，实现了从猿猴向人类的转变。人类的思维还停留在简单直观的物质表象上，对事物的认识也比较有限，对认识的结果也具有直接经验性，所以此时的人还处于蒙昧时期，对大自然处于一种敬畏的状态。人类无法完全认识并控制复杂的环境，未知的自然被神化，成为宗教产生的源头。

在生存斗争简单化的远古时期，人们对休闲体育可能并没有明确的概念，基本上也没有它的相关记录；如果非要阐述一二，那就是当时的休闲生活带有浓厚的宗教色彩。美国学者奥古斯德指出原始时代休闲与劳动混沌不分，并与其他生活交织在一起成为风俗习惯活动。休闲体育一般来源于劳动，且或多或少都带有宗教仪式的影子。宗教被当作控制未知自然界的一种途径，特别是当时原始人缺乏对集体认同下的"超自然力量"的科学认识，"每个关于人类的活动其实都是在开展关于建设世界的活动，宗教在这项活动中占有一席之地"。宗教贯穿人类祖先谋生活动的始终，直至今日也仍有一些风俗活动是带有宗教色彩的。如20世纪俾格米人在狩猎前举行的神秘宗教仪式、贵州布依族的"耍麒麟"、封建时期的百戏。就目前而言，现代体育的赛会活动也是一种庄严而神圣的仪式活动，对比赛结束的优胜者被给予奖励，古代体育赛会活动的价值取向倾向于"将完美的灵魂思想寓于健康的体魄"。体育与仪式的符号来源于身体实践，休闲符号亦然。人类通过身体的实践行为服务于人类的生存需要，为了满足生存需要，人类开始运用自己的身体，一些简单的跑跳投行为由此产生，并开始编织人类文明发展的主线。

在远古时代，人类的生存图标与现代完全不同，人类尚未完全脱离动物界。在人猿相揖别的过程中，人从物质化的肉身转换为有独立行为的人，但人的主体自我意识还十分淡薄。人类的实践活动受人体内在的心理节律和生理节律的双重调节，初产生的人类属于自然界的珍稀物种，人类数量相对有限，自然生物圈与食物链处于稳定的良性循环中，大自然给人类提供了极其丰富的物资资料，人类相当于是坐享其成大自然的成果。由于早期人类的生存环境十分恶劣以及认识的局限性，人类的生存需要非常强烈，满足温饱需要成为人类的第一需要，也是人类最基本的生活需要，使得人类当时的劳动实践都与此直接联系在一起。为了生存下去，原始人类开始利用大自然的馈赠，各种野生的果实、可供食用的根茎叶、水生生物等被当作食物，为了御寒捕捉温顺的野生动物……是一种极为简单的生活需要。这种大自然生产、人类只管索取的生存状态决定了当时人类的生活状态是较为悠闲的，所以当时的劳动实践与现在的劳动实践还是有很大的区别的，是一种休闲化的劳动实践，它很难跟休闲生活明确区分。《列宁选集》又提及"劳动是健康的身体的需要"，体育同理，即健康身体的需要。人类身体的动物本性依靠体育来维持，从猿猴到人类，从爬行到直立行走，从居住树上转为居住陆地，从树枝间的攀爬到陆地上的投掷，体育运动集中保存了在生命演化过程中获得生存技能的历史痕迹，体育成为人类身体的必需品，使人成为人本身。

远古时代人类生活方式简单单一，人类基本上还处于自然状态并主要从大自然获取生存物资，我们可以称之为采集渔猎社会。在此时期生存环境恶劣，人类对自然认识不足，休闲体育未有明确概念，但人类活动都带有宗教色彩。在克服地心引力的道路上人类越走越远，从树上到陆地，从陆地到河流……音节清晰的语言开始产生，火和弓箭的发明，被磨制的石器、制陶术、木制器具等成为这一时期的主要成就。在实践经验的积累下人类技术不断进步，生存空间也日益扩大，远古时代慢慢落下帷幕，一个全新的时代即将开启。

二、农业时代的休闲体育运动

农业时代是仅晚于远古时代的一个历史时期，出现在1万年前的新石器时代，基本涵盖了从远古时代到资本主义社会前的整个历史时期，人类文明也在这个时期得到迅速发展。在几百万年的进化发展过程中，恐龙因不适应生存环境而走向灭绝，人类却克服了一切不利因素，通过微小变化的进化从动物变成直立行走的人，"人体形态结构的变化为进行具有体育性质的身体活动提供了生物学基础，人类为弥补自己的生物性缺陷，对体育活动产生了主观需求"。身体的运动因为身体活动形式的变化发生了重大改变，解放的上肢可以进行抓握、投掷等动作，下肢的走、跑、跳等能力也迅速发展，人类开始有意识，使得人既是动物又区别于一般动物。为了脱离动物状态，人开始认识自己生存的自然环境，在敬畏中不断探索、实践、积累、领悟、提高，最后开始改造自然。正如古希腊文明一样，人类之所以能走到今天，都是通过以身体为依托的实践来传承发扬的。除此以外，人类还实现了自然界中最伟大的进步：学会运用除个体自身力量之外的自然力量，也就是联合力量来弥补个体的不足。柏拉图认为"技艺"就是技术的早期形态，人类通过自身的身体技艺将自然界原本存在的泥土、树枝、石头等一切具体物质变成了陶器、火种、弓箭以及石器等工具，服务于人类的生存需要，"人类的技术实践是一种满足生存需要的基本活动，是人的一种存在方式"。人类身体技艺的发展让人的生存能力提高，让自然界中的具体物质都将被人类认

9

识、改造和使用。恩格斯在《家庭、私有制和国家的起源》一书中具体阐述了农业时代整个人类社会的发展状况，认为农业时代特有的标志是动物开始被驯服、圈养和繁殖以及各种植物被种植。随着人类社会生产力的发展，技术进步成为推动人类社会发展的原动力，人们逐渐从采集渔猎社会转为农耕畜牧社会，从寻找食物转为种植食物，食物来源与原始社会相比相对稳定。农业时代在人的自然化和自然的人化过程中逐渐产生，世界文明也在人类的创造活动中产生了。

农业出现后，人类开始能动地创造自己的生存条件，创造了越来越多的人化自然，人与自然的关系不再是寄生状态，自然成了人类存在的一部分。人们生活与生产的范围逐渐扩大，远古时代人类单纯的生理需要扩展为社会需要，丰富多彩的生活等着人类去享受，人类的需要超出了生理需要，使得人类不得不增加社会生产和社会劳动的需求。由此人们的休闲需求与休闲空间势必会被压缩，于是社会制度开始分化，出现了等级秩序。并且大多建立在君权神授思想的基础上，带有浓厚的宗教意味，比如古希腊的君主制、贵族制和民主制，古罗马的共和制，古中国的封建等级制度等。体育与休闲在不同等级主体的会生活中也日益不均衡化，处于高等级的成员可以更好地享受生活，即使是在西方黑暗的中世纪，统治者和贵族们也没有放弃狩猎这项休闲活动，其他形式的休闲活动还包括骑士之间的技能演练（比武）、队伍之间的竞赛（竞技）、赌博、体育活动、音乐艺术活动等。而部分处于最低等级的成员，在等级制度下他们已经从属于高等级的成员，在社会分工上他们牺牲了生活的需要，为高等级的成员提供安逸和享乐的条件。人类社会的不平等与不公正现象在私有制和剩余产品的不公平分配中产生了，人类社会进入了激烈的对抗状态。

自然环境会在很大程度上影响农业时代人类的休闲生活，自然的昼夜交替、雨雪阴晴、寒来暑往都会对人们的生活节奏产生一定影响。人们日出而作、日落而息，在对大自然进行认识和改造的过程中获取并积累自然经验，春耕夏种，秋收冬歇，忙闲有季，有劳有逸。大部分人为了满足对生活的需要都不会去打破自然的界限，所以人类社会的休闲生活可以说是相对理性的。

人类在身体的实践中不断对自身积累的自然经验加以应用，并将此种经验内化为自身的属性，体育成为人自然化的重要形式，在人化的自然中抵抗文明对身体的侵袭。在农业出现后，食物来源趋于稳定，农业、畜牧业和手工业出现分工，剩余产品为城市的出现提供了物质基础。人类开始联合力量并通过物质制造工具，技术从把人类的身体作为生存的工具转为服务于人类生存的目的，技术的进步是影响农业时代历史发展的重要因素。除此之外，在北方的龙山文化遗址我们还发现了各式箭镞、网坠和鹿、麝、狐、虎、鱼等动物的骨骼，说明在农业时代，渔猎仍然是一项重要的生产活动。

三、蒸汽机时代的休闲体育运动

公元 1 世纪，古希腊数学家希罗发明了汽转球，近代蒸汽机的雏形在亚历山大港萌生，17 世纪末的丹尼斯·帕潘、萨缪尔·莫兰、托马斯·塞维利和托马斯·纽科门为蒸汽机的发展都做出了自己的贡献。乔治·史蒂芬逊制造了以蒸汽机为牵引动力的火车，但 1765—1790 年瓦特对蒸汽机的改良让蒸汽机快速发展，产生了可以普遍运用的蒸汽机，推动了机械工业甚至社会的发展，将人类带入了蒸汽机时代。此时代下人类的生活方式与远古时代和农业时代人类的生存状态相差较大，人类的体育与休闲也随着"机器"的产生颠覆了以往以人类身体为基础的形态：飞奔的汽车把以牛马为动力的体育远远甩在身后，人类交通运输业发生的巨大变革把农业时代的封闭与天人合一的和谐格局打破，人类的休闲生活尚未从繁重的体力劳动中解放出来，又投入了新的机器劳动里。从客观上来讲，人类的休闲时间还不是太多，体育活动还没有从其他的活动（军事活动、宗教仪式、劳动）中分离出来，所以从一定程度上来说体育的异化被抑制了。但是，随着人类对自然认识的不断加深，马克思断言的"技术是第一生产力"在时代的更替下表现出了不同的作用与形式。人类能够将单个的自然具体物质与其他的自然具体物质融合在一起，形成具有集体效果的人工物质，扩大了技术的组织形态，劳动效率得到极大提高，人类资本主义的世界体系开始确立。自此，人类体育与休闲的异化在蒸汽机时代开始萌芽，生产力的发展让体育拥有了自由发展的空间，也让人类开始打破自然的界限。人类休闲生活在体育异化的萌芽下逐渐丧失理性，体育成为追逐功利的手段。

蒸汽机开创了一个时代，但跟农业社会一样，时代会随着社会生产力的发展而发展。蒸汽机的出现让社会发展的动力飞速提升，人类在不断的自我本质实践中创造出一个具备自我扬弃能力的主体。但随之而来的资本积累让人类的理性丧失，工厂化生产的"铁笼"让人的发展、存在意义都屈从于高效生产的目的，人的身体技艺无法施展，韦伯、哈贝马斯、马尔库塞、福柯等理论家都认同此观点。当然，在资本主义刚刚出现的时期，休闲体育也随着劳动从人存在的中心因素转为生产因素的过程中发生异化，资本主义的影响甚至将休闲体育变成了对生产的反应，在接下来的工业时代更甚。也许休闲对某些人来说是一段"养息"的时光，但它并不是真正的自由，它只是刚好可以提供这样的环境，仅此而已。

四、工业时代的休闲体育运动

18世纪，当法国唯物主义哲学家拉·梅特里喊出"人是机器"时，技术已经渗透在人类生活的方方面面，人类技术将单个"机器"的存在变成各种机器的集合体。马克思将这个技术变革过程看作"人以自身的活动来引起、调整和控制人与自然之间关系的物质变换的过程"，这个过程覆盖了人类生活的各个领域，人类建立起与机器之间的稳固关联，机器成为人类生活的一部分。人类的生存实践不再以自己的身体为载体，而是在机器齿轮的飞速运转中进入工业时代的文明社会。

现代意义上的"休闲"就是伴随着工业化生产的发展而产生的。蒙昧时期技术的存在保证了人类在万物面前的主体地位，人与人之间构成了团结和谐的社会关系。工业时代生产力的发展让人类的生活物质资料得以大规模生产，人类的体力付出逐渐减少，但物质财富的积累却在急剧增加，人类进入自己创造出来的技术幻象中，看似在享受生活，实则并未获得真正的自由。

保罗·朗格朗指出"休闲是大工业社会的产物"，爱德华·帕尔默·汤普森也持有同一观点。人类的主观能动性赋予人类社会主体的地位，在人与机器的较量中，人们寄希望于机器，渴望摆脱生存的压迫从而获得主体存在的自由。现实却是人与物的位置早已被置换，在"物化"的社会现实里，休闲的形式、范围、内容常常让人感到主体性的缺失，生命的质量无法得到保障，人成为操作机器的一个环节，成为机器的附庸。劳动者缺乏体力的付出，生命的本源力量无法充分展现，人从社会的创造者变为麻木的操作者，技术飞速进步。在这样的一个时代，人类还未真正地理解现代化，现代化就已经渗透在人们的社会生活中。受技术的影响，人们全面的身体在工业时代退化为"躯壳"，生命的本源特征被禁锢。从人类生产到人类生活，人类身体不该是被动的存在，它需要通过人类自身的实践行为去为生命创造活力。体育制造了身体动态的行为，休闲丰富着人类的精神世界，它们的存在方式清晰刻画着人的行为存在，人类身体在休闲行为与体育行为中获得了自我的肯定与超越，成为现实经验去应对生存挑战。

劳动是休闲体育的起源，在以劳动力为重要生产要素的时代，在利润的驱使下，资本家改变了受自然影响的生活节奏，并制定了有关剥削劳动的生产制度。马克思曾对这一制度进行过严厉抨击，他也是现代休闲研究的先驱。资本的发展让休闲变成小部分富裕人群的选择，但对社会上的大部分群体而言，它只是给工人提供了一个更好的机会，使其不至于倒在高强度的工作之下。资本营造的技术幻象世界让人们在工作以外的休闲时间看似得到了自由，其实质最终还是"商品化"，马克思将其定义为"商品拜物教"，也就是说休闲为人们提供了一个虚假的自我空间即适应生活，但绝不是享受生活。工业时代人的劳作"趋向于省力化"，出现了社会分工，每个人都有自己负责的部分，在狭窄领域受制于技术，将自己变成"没有个性的人"。庆幸的是，体育能够摆脱机器对人的操控，虽然夹杂着资本的力量，但在工业时代人的主体性被束缚的状态下，体育无疑是解放机械禁锢的解药，运动让人在工作以外的休闲时间获得真实的身体感觉，心灵得以暂时解放。

工业时代诞生的体育项目反映出了强烈的时代性，按照田麦久等人提出的项群理论来说，篮球是以手为中心而足球是以脚为中心的同场对抗项目，排球又是激烈的隔网对抗项目，不管是同场对抗还是隔网对抗，它们都要在一定的场地内进行。就像劳动者被困在狭窄的领域完成单一的技术动作一样，这些项目也有具体的分工，参与项目的个人各司其职：篮球的大前锋、小前锋、中锋、得分后卫和控球后卫；排球的主攻、副攻、接应、二传和自由人；足球的前锋、中场、后卫及守门员……在特定的位置完成自己的任务，强调分工及协同力量。这些体育项目的形式与工业时代的社会分工不谋而合，通过不同的技术形态完成整合，最终建立起一个庞大的技术系统，"技术成为控制人的社会力量"。

现代休闲与体育的形成都是基于工业时代的发展背景，资本的运营虽然让这二者商品化，但也促进了人类对科学的渴望。工业化生产带来城市人口大量聚集、物质财富急剧增加，市场和教育、娱乐面临新格局。当休闲成为工作以外的时间时，我们必须回到人本身进行反思，人是万物之主的主体地位必须重拾。休闲体育追求的终极目标是提高生命的质量，在物化与异化的工业时代，体育将身体从技术幻象中拽回，休闲使人感到幸福，二者共同构成对生命力量的积极求索，最终实现提高生命质量的目标。

五、后工业时代的休闲体育运动

20世纪七八十年代，后工业时代兴起，随着科学技术的发展，人类社会从20世纪50年代后期开始逐渐转型。1959年美国社会学家丹尼尔·贝尔在一次讨论会上最先提出"后工业社会"的概念，认为后工业时代是以理论知识为中心的社会，即其核心为人和人之间知识的竞争，我们也称为知识信息社会。在知识信息社会产生之前，电力机械不断被发明：发电机、电灯、电话、电动机、汽车、电影、电报……人类智慧的每一种发明都应用于生产领域，不仅使人类生活更加便利，而且也促进了休闲社会的发展，特别是在计算机被发明以后，信息在很大程度上影响了人类的生活。科技的进步为政治、经济体制的变化提供物质基础，而这些使得劳动的性质被改变、劳动的边界被压缩，人类体力付出逐渐减少，物质财富却在科技创新中不断增长。后工业时代的休闲体育就诞生于这样一个知识爆炸、科技创新的世界，在这样一个世界，"一切新形成的关系等不到固定下来就陈旧了，一切等级的东西和固定的关系都烟消云散了"。智慧的爆发将人带入一个尴尬的境地，人类各种生活的满足得益于物质财富的丰富，但现实却是人类对现代化还没有理解透彻，后现代化就已经渗透到了人类生活中。现代高新技术的发展让智力劳动和精神生产在社会生活中的地位日益提高，从而加速了社会劳动生产率的提高，劳动生产率提高意味着人们的休闲时间不断增多。未来学家格雷厄姆·莫里托分析工业时代早期城镇居民平均每礼拜工作70个小时，20世纪80年代就下降到了每礼拜38.1个小时；而到了2020年，人们抛开睡眠时间以外的各种活动中，休闲时间就占了一半以上。休闲时间的充裕让人们可以更好地享受休闲时光，休闲时间的增多也证明了休闲生活的大众化，而大众化最主要的表现之一就是各种休闲活动的界限逐渐被打破。人们可以自由选择自己感兴趣的活动去参与，比如之前被视为贵族运动的高尔夫球、网球、滑雪、赛马、保龄球、斯诺克等项目，只要你有时间、有精力、有金钱，你就可以尽情享受。企业也越来越重视员工们的身体，认为只有身体健康才能保持高度的竞争力，而保持身体健康唯有运动。体育运动是摆脱劳动性质被改变的社会的途径之一，它能够让人感受到真实的肌肉运动，让人气喘吁吁，让人精力充沛，让人感受到自己是鲜活存在的。体育真实的运动感觉让人得以摆脱机器的操控，重新感受到人身体的动物性，技术繁荣下的身体虚弱依靠休闲时间的体育运动来拯救，拥有强健的身体才能让人更好地去休闲。

知识信息化的世界是一个虚拟的数字化空间，也是每个人都可以选择拥有的空间。虚拟空间里人类情感中的喜怒哀乐都是对物质的真实世界的反映，在那个世界情感可以被无限扩大，也能被无限缩小，但无法否认的事实是，它与我们生活的世界及其各种信息密切相关。这个人类创造的虚拟空间为人类开辟了一个全新的生活娱乐世界，使得人类不仅可以在充满规则的现实世界生活，而且也可以在虚拟世界寻求刺激。有关体育与休闲的活动换了一种方式在网络空间存在，各种球类游戏、竞技游戏、智力游戏被不断开发并上传到网络，现实中人们不会的运动在手机上却操控自如，也由此引发了后来关于"电子竞技是否是体育"的争论。毫无疑问的是，体育与休闲的存在时空也在后工业化下得以延伸、扩展，神话传说中嫦娥奔月的"月球"、牛郎织女相隔的"银河"，以及人类千百年来梦想的"仙境"在航天技术的发展下变为现实。同时在其他技术的支撑下,人类体育与休闲的足迹已经与远古时代相差甚远,各种不适合人类生存的地方如海底、荒漠、南北极地、雪山等都出现了人类的自然生命力。马歇尔·麦克卢汉说的"地球村"描述的正是这样一个时代,一个现代化交通迅猛发展,各种铁路网、公路网、水路网、空路网交织而成一个庞大的交通系统;一个全球信息共享的时代;一个大众传播媒介普及的时代。因为技术的进步人们的联系越来越密切,人与人、国家与国家、行星与行星之间的时空距离被大大缩短,人们从古罗马角斗场上的观众变成了电视、手机等多媒体传播工具的观众,媒介即时转播体育赛事,人们可以不在现场就观赏到比赛;就算不能即时观看,在后期有时间也可以通过回放来满足想要观赏的愿望。人们还可以通过CCTV5、世界足坛等体育频道或者体育微信公众号去关注体育新闻,让更多的人在休闲时间可以去关注体育,运用体育并参与体育活动,真正实现人的自由全面发展。

第三节 休闲体育运动的特点与分类

一、休闲体育运动的多重属性

休闲体育运动这个概念本身就是现代社会学和休闲管理学范畴的概念,它明确被提出的时间是20世纪70年代,因而休闲体育运动无论作为学科还是作为产业,它都是一个现代意义上的新生事物。但是,从20世纪后期至今这段时间,人类科学技术水平和产业经济发展水平都取得了突飞猛进的发展,这也大大促进了休闲体育运动事业以超乎想象的速度融入社会和人们的生活,人们对休闲体育运动的需求也与日俱增。因此,今天的休闲体育运动乃至休闲体育运动产业与刚刚过去的20世纪又有很大的不同,强调"现代"休闲体育运动就是要强调从当下社会变革的视角审视休闲体育运动的根本属性。

(一)运动属性

休闲体育运动的概念是由"运动"和"休闲"两个词组成的,因此不难看出它具有"运动"和"休闲"的双重属性。"运动"使人们自然而然地想到了体育,并把休闲体育运动产业视为体育产业的一个分支;而"休闲"又使人联想到了休闲娱乐,因而休闲体育运动产业的从业者正在努力地把自己的经营与娱乐、休闲旅游等产业建立联系。

在我国，休闲体育运动是由西方传入的一个新兴社会事业，休闲体育运动产业则是一个处于发展过程中的新兴产业。那么由谁来管理这个产业？产业经营者应该有怎样的经营思路？休闲体育运动公益事业应当如何运作？大众如何认识和参与休闲体育运动？回答这些问题之前必须弄清楚现代休闲体育运动的多重属性。从西方发达国家的经验来看，现代休闲体育运动具有的运动属性、健康属性和教育属性最为突出。

休闲体育运动首先是运动，是指以休闲娱乐为目的的一类体育活动，其中以户外运动为主要内容，包括登山、攀岩、岩降、攀冰、漂流、皮划艇、帆船、徒步、潜水、钓鱼、冰钓、滑冰、滑雪等。休闲体育运动的内容非常丰富，其总的特点是突出了人与自然的互动，在这种互动活动中挑战自我、完善自我并从中获得乐趣和满足感。有人说，人们业余时间从事的任何体育运动都可以称之为休闲运动，比如打篮球、踢足球等。然而休闲体育运动管理和休闲体育运动产业研究者特别将上述一类户外运动归为休闲运动，使休闲体育运动的发展有了明确的发展轨迹和方向，是现代休闲体育运动之所以发展成熟的关键所在。

在我国，人们谈到体育运动时，思维总是跳不出竞技运动的圈子，因为人们从小受到的体育教育以及社会对体育运动的关注点大多集中在竞技体育方面。而在西方国家，人们对于竞技体育和户外休闲运动从概念上就有明确的不同表达，英文中把竞技体育称为"sports"，而把户外休闲运动统称为"outdoor activity"。所以休闲体育运动的运动属性不同于竞技运动，它不强调竞争或者比赛，而是突出人利用自然力的能力，强调自我挑战，也就是跟自己竞赛。从某种意义上说，休闲体育运动是以运动的方式进行的自我修行。竞技运动源于游戏，而休闲运动与游戏无关。

（二）休闲属性

休闲体育运动具有休闲的属性，表面上看这是在咬文嚼字，但深究其意义就会发现，休闲体育运动的休闲属性包含着深刻的文化与社会心理意义。社会心理学的研究表明，人们的生活幸福程度主要取决于其休闲生活的质量，也就是说，人们在闲暇时间里可从事的活动越多，他们的生活就越丰富多彩。把运动作为休闲的内容，或者说以休闲的心态从事运动是体育运动观的革命性变革，尤其对我国大众体育观念的影响十分深远。一个人从小学到大学毕业，学到的体育知识几乎都是竞技运动项目的内容，对如何通过体育运动健身、娱乐的知识却知之甚少。党的十八大以来，党和政府把人民群众对美好生活的向往当作全民的奋斗目标，休闲体育运动的发展形态也变得多种多样，大众体育、健康体育、休闲体育都成为体育事业发展的重点方向。在这种形势下，休闲体育运动的休闲属性自然而然地跃入大众的视野，休闲体育运动拓展了人们对于体育运动的认知，也使人们参与了更丰富的、健康的业余生活活动。

（三）社会公益属性

休闲体育运动具有社会公益的属性。尽管休闲体育运动产业是当今世界上一个蒸蒸日上的朝阳产业，但休闲体育运动的社会公益属性从来没有被商业埋没。休闲体育运动项目有很多，之所以说休闲体育运动具有社会公益属性，是因为它关乎大众健康、社会健康、环境保护和文化精神传承等多个社会公益领域。众多权威评级机构都将"休闲活动面积"作为评价世界宜居城市乃至宜居国家必然包含的标准之一，因为它在很大程度上影响着人们的生活质量。

在西方国家，人们日常生活中从事最多的体育运动是休闲运动，而不是我们所熟知的那些竞技运动。其实我们国家也是一样的情况，试想多少人业余时间在从事田径、体操、击剑等运动？另外，人类社会发展的总趋势是把人的活动与自然隔开，人们居住在社区，工作、生活在城镇，在一定程度上与大自然是隔开的；而人的天性又与自然不可割裂，所以户外休闲运动是人们回归天性的重要途径。因此，经济越发达的国家越重视为大众创造进行休闲体育运动的机会，保留休闲运动的场所。有的国家的体育教育中有冒险教育的内容，其实现途径也基本都是户外休闲运动项目。人类正是在征服自然、顺应自然和与自然共生的过程中创造了多彩的文明与文化，休闲体育运动使这种文化精神得以弘扬和传承，因此它的社会公益属性中最突出的特征是其他体育运动形式不可替代的。同时，人们在与自然亲近的户外运动中感受人与自然的关系，从而增强环境保护意识，践行环境保护行动。自然资源是一种公共资源，人人尊重自然、爱护环境是社会健康的基本条件，因而休闲体育运动具有维护社会健康的重要作用。运动对于大众健康的促进功能自不用多言，因为它不仅是体育活动，而且是很好的人与自然互动的身心体验。

二、休闲体育运动的特点

（一）活动的自主化

选择休闲体育运动是一个自主选择的、没有任何强迫性与压力感的行为过程，这种体育行为具有明显的自觉特征和倾向。在闲暇时间参与的体育活动可以不受任何组织或团体的约束，完全可以根据自己的个性、兴趣和能力自行选择体育活动项目。

（二）形式和内容的多样化

休闲体育运动的活动形式可以是欣赏性活动、相对安静的活动和运动性活动，而内容的选择可以是下棋、打牌、钓鱼、打球、滑冰、气功、中国武术、民间舞、标准舞、拉丁舞、爬山和定向运动等，是根据个人的喜好、周围环境和个人的条件进行的。

（三）活动效应的综合化

休闲体育运动具有增强人的文明意识和提升道德素质，有效调节人的情感状态，增强人的基本活动和适应环境的能力，以及培养完善的心理素质等功能。因此，它是促进人的身心全面发展的有效手段。

（四）活动内容的娱乐化

休闲体育运动不仅是为了身体健康，更重要的是通过运动享受快乐。休闲体育运动不仅可以带来感官上的享受，而且还可以创造精神上的快乐。从事休闲体育运动的人可以像玩游戏一样接受它，因为休闲体育运动不需要人把精力集中在技能上，而只需要在参与的过程中体会快乐即可。

三、休闲体育运动的分类

随着科学技术的进一步发展，人们生活水平的提高，闲暇时间的增多，生活空间的拓展，价值观念的变化等，休闲体育运动获得了更快的发展。当前，休闲体育运动已成为现代文明生活方式的一种标志，并将在人类社会文化生活中发挥越来越大的作用。

目前，休闲体育运动的分类形式较多，并无严格的规定。

（一）按参加者参加活动时的身体状态

1. 观赏性活动

主要指观赏各种体育竞赛和休闲体育运动的表演。在观看比赛和表演的过程中，人们会表现出赞赏、激动、惊叹、沮丧、愤怒等各种情绪，心理压力得到充分的释放。在观赏的过程中，还可以学习一些体育知识，感受体育运动的艺术魅力，接受体育精神的熏陶。

2. 相对安静的活动

主要指棋牌类的休闲活动。这类活动中参与者身体活动量较小，脑力消耗大，是智慧与心理素质的竞争。棋牌类活动通常是多人参加的集体活动，默契与配合、经验与心理素质是这类活动的关键因素。由于棋牌类活动充满乐趣、易于开展，从而成为人们喜闻乐见的休闲方式。

3. 运动性活动

若按活动的基本特征划分，则又可以分为下述几类。

（1）眩晕类

例如，走浪木、荡秋千以及游乐场里各种旋转、起伏、上升、下降、滑动、碰撞、俯冲、腾空等项目均属此类。这类活动通过获得日常生活中难以得到的身体状态和空间感来获得身体活动和乐趣。

（2）命中类

例如，射靶、击木、台球、门球、保龄球、地掷球、康乐球、高尔夫球等项目均属此类。这类活动需要计算和控制力量，是思维和体力相结合的活动，当命中目标时，会引起人的兴奋和欢呼。

（3）节奏类

例如，自娱性舞蹈、健身操、健美操等项目均属此类。这类活动的节奏感强，富有韵律，以身体活动为共同特征。音乐伴奏则是这类活动有别于其他活动的特点，其娱乐性和健身性极强。

（4）滑行类

例如，滑水、冲浪、帆板、滑雪、雪橇、溜旱冰、滑板、轮滑等项目均属此类。这类活动以足蹬或足踩各种器具做各种滑行动作为主要特征，集娱乐性、趣味性、健身性于一体。因大多在户外进行，与日光、空气和水等自然因素结合紧密，还可使身体得到充分锻炼。

（5）攀爬类

例如，登山、攀岩等项目均属此类。这类活动中有的项目具有一定的冒险性，是人类实现自身价值、表现自我的一种超凡行为。参与者有时不惜以生命为代价，在惊险中磨炼意志，在征服自然中追求精神满足。

（6）技巧类

此类运动是指人运用自身的能力、借助特定的轻器械来表现高度灵巧性和技艺的活动，主要有花样滑板、障碍自行车等。

（7）游戏竞赛类

这是将竞技体育比赛项目的规则进行简化和游戏化改造之后形成的休闲游戏比赛，如沙滩排球、三人制篮球等。

（二）按从事休闲体育运动的目的和动机

1. 健身塑形类

体育有强身健体的作用，这已经在过去的众多研究中得以证实。健身活动是个人为了保持自身机体机能的良好状态、促进身体健康地生长发育、使体质得以增强和发展的活动。从本质上讲，这种活动完全是一种个人在休闲时间中从事的塑造自身并努力使自己更好地"成为人"的活动。

2. 娱乐类

人类社会存在的娱乐行为有多种形式，这里把具有一定程度的身体练习，又能在活动过程中使人获得愉悦的娱乐形式称为体育娱乐。体育娱乐活动是指构成体育娱乐这种娱乐形式的各种具体的活动。

3. 竞赛类

休闲体育运动中的竞赛活动与竞技体育的竞技比赛有极大的差别。这种活动中的竞赛活动只是休闲的组织方式，它强调活动的过程和形式，对于活动的结果并不在意。换言之，休闲体育运动中的竞赛活动旨在通过过程和形式来满足参加者的某种需要。

4. 消遣放松类

消遣放松就是对生理和精神疲劳的缓解。罗歇·苏把放松视为休闲的"第一功能"，他认为工作不是生理和精神疲劳、紧张的唯一源头，业余的约束同样让人难以忍受。都市生活方式的这一方面使消遣放松显得尤为必要。

5. 交际活动类

休闲是交际的最好时机，在工作条件下，人们的相互关系是由劳动纪律和规章制度所限定的，因此，人际交流缺乏一定的自由度和灵活性。只有在休闲的条件下，人们的自由性才能得到充分发挥，人际交流的过程和结果才会给人带来愉悦感和实效性。

6. 探新求异类

探新求异是人们一种普遍存在的心理倾向，这一点也是人类在长期的进化过程中遗留下来的本性。在幼儿时期我们就从不掩饰对新事物的好奇心理。随着年龄的增长、阅历的增加，我们把这种心理慢慢地藏到心底，但这种需要却从未消失。

7. 寻求刺激类

对于大多数人来讲，生活总是平平淡淡的，工作在生产线上和写字楼里或者其他场所，周而复始地重复动作、单调乏味的数字报表和繁杂枯燥琐碎的事让许多人感到厌倦，普通的娱乐、消遣放松、探新求异类活动有时候不能满足人们的某些需求，寻求适宜的方式刺激一下近乎麻木的神经就成为许多人潜在的欲望和需求。

第四节　休闲体育运动的价值

一、社会价值

马克思主义公平休闲思想的当代实践具有积极的社会作用。马克思提出公平休闲思想的初心就是维护无产阶级休闲权，主张休闲不是资本主义有钱阶级的特权，每个生命个体都应该享有休闲的自由。休闲是每个人的基本权利，不分男女老少、富有或贫困、阶层高或低。在新时代的中国，我们始终坚持"以人为本"，关注每个个体的价值、权益和自由，关注每个个体的生命价值和生存质量，关注每个个体的个性发展需求和全面自由发展。消除发展中的不平衡、不充分问题，保障弱势群体的休闲权益，让每个人都能享受休闲自由的美好生活，这是新时代中国社会发展的主要目标之一。以公平休闲思想为指导，破除休闲活动的阶层障碍，为弱势群体创造休闲机会、完善公共休闲体系，切实提高人民群众的休闲获得感和幸福感，这一方面可以突破群体沟通的边界，增强各阶层、各民族间的交流；另一方面，有益于切实提高人民生活质量，对于构建和谐社会具有积极作用。

二、经济价值

休闲经济属于消费经济的范畴，休闲促进消费。无论是旅游休闲、运动休闲还是文化休闲，休闲行为过程就是消费的过程。同时，人们为了达到休闲的极致感受，往往更愿意在休闲方面增加投入。我国是一个人口大国，随着我国经济发展水平的稳步提升、国家带薪休假制度的日益完善，人们越来越具备开展休闲体育活动的各类条件。我国休闲体育市场具有广阔的发展空间，经济价值巨大。

同时，马克思提倡的休闲经济是一种促和谐的循环式经济。休闲是人们对美好生活的追求，开展休闲体育运动本身就是人们平衡劳动和娱乐状态的自发选择，它首先实现的是人与自身的和谐，是让人成为更好个体的有效路径。人只有成为更好的个体，以人的活动为基础的经济才会是循环式经济。

开展休闲活动还是实现人与外界和谐的有效路径。休闲的融合性特质可帮助人们消除文化、地域、阶层阻碍，实现个体与他人的互通与互动，促进人与人之间的和谐；休闲的"更美、更好、更怡然"的内容属性让人们自发地尊重自然及自然规律，促进人与自然有序和谐发展。可见，休闲经济是人们追求内在和谐、社会和谐、人与自然和谐的产物，天生具备循环经济模式的属性。

三、生态价值

休闲是人类追求一系列"和谐"状态的活动，其中，人与自然的和谐是最基本的内容。享受生态之美本身是人类休闲体育活动的主要内容，只有尊重生态的自然属性，才能获得生态休闲的极致体验。同时，生态休闲还具有可持续发展的属性。一方面，人类的可持续发展一定是建立在与大自然和谐共生的基础上，生态休闲的本质决定了与自然和谐共生的内涵；另一方面，人类的可持续发展一定是在满足现有需求的基础上充分尊重子孙后代的资源获取权和发展机会，生态休闲所蕴含的关怀未来的意义正是它的长远价值所在。

党的十八大以来，习近平总书记关于生态文明建设的一系列讲话将生态文明思想升华到极致，逐渐形成了具有中国特色、影响全球的生态话语体系。由此可见，中国对马克思主义生态思想实现了最高级别的运用，那就是世代延续性、创新性地继承和发展。马克思生态思想的当代发展为生态休闲提供了最可靠的理论支撑。正是基于此，人们才能体验绿水青山的自然之美、享受大自然馈赠的一切美好，这是人们重要的休闲内容，也是弥足珍贵的人与自然和谐发展的画面。

四、文化价值

在休闲的外在表现形式上,马克思将其进行了层次划分:一是消极被动的低级别休闲,即辛苦劳动之后,在补偿机制下表现出来的休闲形式,如睡觉、发呆放空等,或者是一些有害的休闲形式,如赌博、酗酒等;二是积极主动的高级休闲,即那些体现个体力量、发挥聪明才智、彰显个性特征和兴趣爱好的高级休闲方式,如体育运动、琴棋书画、艺术鉴赏等活动。马克思向来主张人们在自由时间里的活动应该是充满文化性的活动,文化属性是休闲内容的价值属性之一。

理解了休闲的文化性,在实践中需要在以下两方面有所作为。

一是尊重、保护、发展不同民族群体健康有益的文化休闲活动。文化是一个民族群体意识的载体,休闲体育活动是群体文化思想的外化表现形式。我国各民族在长期社会实践过程中形成了具有民族特色的休闲娱乐活动,尊重、保护、传承各民族良好的休闲活动一直以来是各级政府提倡和主导的,在中华民族共同体意识下,各民族群众休闲活动百花齐放、丰富多彩。同样,不同国家文化各异,尊重各国人民的文化差异性是国际对话的基础,如此才能让世界充满多元文化的魅力。

二是为弱势群体提供和创造高级别文化休闲的机会。流动人口、老年群体、留守儿童等是在社会发展中形成的特殊群体,让每个人都有圆梦的舞台,这是新时代中国梦公平、正义的体现,也是马克思公平休闲思想在当代中国的具体体现。基于此,各级政府一直在努力为弱势群体创造休闲机会,让他们能够参与真正健康有益的休闲体育活动,让休闲真正发挥愉悦身心、调适心理、社会交往等积极作用。

第二章　现代休闲体育运动的现状

现代休闲体育运动是一种重要的休闲方式，是人们追求时尚的一种休闲娱乐方式，有关休闲体育运动的政府文件的出台为休闲体育运动的发展提供了良好的环境，进一步促进休闲体育产业的快速发展。本章分为国外休闲体育运动的现状、我国休闲体育运动的现状和影响休闲体育运动发展的因素三个部分，主要包括国外休闲体育运动的发展现状，国外开展休闲体育运动的代表，我国休闲体育运动的发展现状、发展趋势，影响休闲体育运动发展的政策制度、经济发展因素等内容。

第一节　国外休闲体育运动的现状

一、国外休闲体育运动的发展现状

随着社会的发展、科学技术的发展，人民对物质与精神的双重追求是生活品质不断提高的一个重要指标。随着社会生产关系的发展、科学技术的进步，人类的双手得到了解放，有了更多的空闲时间和自由。随着信息时代的来临，人们的生活越来越方便，他们之间的关系也越来越复杂。在这样的环境中，人们在一定程度上会受到身体上的疾病和精神方面的影响。长期处于亚健康状态的人，必然会对个人、家庭、国家的发展产生负面的影响。近年来，许多健康学者、社会学家都对此进行了深入的探讨。正是在这样的环境下，大众运动才得以繁荣，人们也愿意花钱。这也是为什么国外的休闲运动发展得如此之快。

休闲运动之所以能在发达国家中率先出现，是因为美国和西欧等发达国家都实行一周五天的工作制度，而北欧国家则实行一周四天的工作制度，除了周末之外，还有各种各样的假日。衡量一国经济发展水平的一个重要指标是工人的剩余时间。剩余时间愈长，社会愈发达，然而，最主要的影响因素仍然是生产率。

国外对休闲体育运动的研究和记录最早可追溯到公元前 8 世纪古希腊《荷马史诗》中的拳击、角力、赛跑、射箭及战车等竞技运动，以及公元 11—16 世纪西欧贵族们的"骑士七技"（骑马、游泳、投矛、刺剑、狩猎、弈棋和吟诗）等。国外休闲体育运动在经济、社会、环境等方面都有了较完整、系统的研究体系。国外学者陆续从自身成长发展、女性休闲以及社会阶层等不同视角研究休闲体育，取得了丰富的研究成果，并意识到休闲体育运动能够缓解疲劳、愉悦和放松身心，与具体的运动项目无关，是自发、非形式的体育活动。随着经济的发展，人们的生活品质大大提升，休闲体育运动在全世界各国的社会地位也逐渐提高，并得到了广泛关注和重视。

今天，奥林匹克运动会已成为一场全人类的体育盛事，其各类竞赛项目多以西方体育项目为主。体育运动的发展往往具有相辅相成的特征，即一国或一区域的竞技体育发展水平越高，对其他体育活动的发展也越有利。17—18 世纪欧洲某些国家开始出现学校运动，之后，这种运动逐步走向成熟，从而为以后的休闲运动打下了良好的基础。英国的休闲运动在 18 世纪末期开始在普通民众中流行起来，并且这种趋势一直蔓延到美国。美国的休闲运动明显更受欢迎，有些地区甚至成立了休闲运动俱乐部，这不但让许多现存的优秀休闲运动项目得以推广，而且也让更多更新颖的运动项目诞生。

21 世纪以来，休闲度假的观念已经根深蒂固，人们在闲暇之余积极组织各种娱乐活动，其中不乏休闲运动。在这个信息化时代，人们在办公室里用电脑做大量的工作，其强度丝毫不逊色于体力劳动。长时间使用这种方式工作会产生不同程度的"办公室综合征"，进而引发更多的"文明病"。除了身体方面的原因，长时间处于高压力、快节奏的工作环境下，人们难免会有精神疾病，如抑郁、焦虑、人格分裂等疾病。这种身体的亚健康状况正在不断地扩散，给个体和家人带来了巨大的伤害。而在意识到问题的严重性之后，他们更希望能够在自己的空闲时间里找到一种可以让自己放松的方式。

二、国外开展休闲体育运动的代表

（一）德国

德国是世界上最早建立和完善社会福利制度的国家，不仅为德国人的休闲提供了充足的保障，更使德国人的社会公共资源权利得到了充分的实现。德国法律赋予了德国人民在传统节假日期间带薪休假的权利，让德国人一年拥有

178天的休闲时间有据可依。针对环境保护，德国颁布了大约8000部联邦和各州的环境保护法律法规，为营造良好的休闲体育活动环境提供了有力的法律保障。

（二）法国

运动休闲是法国人日常的一种生活方式，法国人对体育运动具有较高的青睐度，并且对传统项目进行不断的创新发展。法国人在日常生活中经常参与的休闲体育运动项目多达300项，大众休闲体育运动逐步呈现出多样化的特点。

（三）新西兰

新西兰位于南太平洋，是一个岛屿国家。新西兰在扩大工业范围的同时也采取了多种措施，在旅游业、林业和园艺方面取得了成绩。新西兰人的生活节奏并不算太快，有更多的空闲时间，加之优越的自然环境和气候，新西兰人对各种休闲运动都十分感兴趣。根据相关数据显示，51%的新西兰公民在业余时间进行各种运动和娱乐，其中以各种形式的水上运动最为流行。由此可以看出，新西兰人的休闲体育运动生活是一种普遍的生活方式。新西兰人热爱运动，所以这里的休闲体育运动气氛很浓。

（四）美国和加拿大

公园是美国和加拿大文化中具有重要影响的组成部门，国家公园、野生动物保护区或荒野对当地人和旅游者具有较大的吸引力。公园在美国和加拿大的休闲领域发挥着重要作用。公园内设有步道、露营地、野餐地、划船区、骑马道、越野车点、环境教育中心等，是美国和加拿大人进行休闲体育运动的首选场所。

（五）瑞士和意大利

瑞士与滑雪就近乎意大利和足球、中国和乒乓球一样。瑞士作为盛名在外的滑雪胜地，建有200多个高级雪场，总人口800多万的瑞士每年接待着将近本国人口两倍的滑雪游客，瑞士阿尔卑斯地区每年的造访者更是占据全球滑雪者总人数的43%。滑雪是瑞士最受欢迎的冬季户外运动，其中50%为瑞士国内游客，甚至于小孩子从三四岁就开始练习滑雪。

足球已成为意大利的全民运动，是意大利的文化符号。在意大利，足球迷高达全国总人口的四分之三。在意大利各个城市的公园、广场，甚至于在一小片狭窄的空地上，踢球的孩子都随处可见，每个街区都有一个设施完善的足球场。意大利的大城市和大部分中等城市都组建了自己的球队，随着职业足球联赛商业化程度的逐步提高，交通、旅游、餐饮、住宿等行业也随之得到了发展，推动着国家经济不断向前发展。

通过对国外休闲体育运动发展状况的分析，发现其在国际主流社会中的地位都很高，并逐渐成为人们日常生活中必不可少的一项重要内容。

第二节 我国休闲体育运动的现状

一、我国休闲体育运动的发展现状

（一）我国休闲体育运动的现状

1. 体育消费观念的改变

随着社会、经济的发展和文明的发展，人们对休闲体育运动的价值和内涵的认识不断加深，人们开始接受"花钱买健康"的观念，并通过休闲体育活动来达到身心的愉悦。通过俱乐部、运动竞赛、运动训练等方式，人们乐于改善自身的身体状况，并且已经形成一种普遍的习惯。

2. 体育场地和配套设施的建设与完善

在大力倡导全民健身的同时，国家有关部门也开始关注全民的身体素质和身体健康，当地政府也十分重视体育文化的推广。目前，我国的体育物质条件得到了显著的改善，为人民群众的体育需要创造了良好的条件。近几年，国家体育总局依托"全民健身计划"，在公园、广场、学校、专业场馆等方面进行了大力建设，投入大量的体育设施，其中以福利为主，少数实行较低的收费标准，极大地促进了休闲体育运动的发展。

根据调查数据可知，目前我国的体育设施和投资规模远远无法满足大众的体育需要。特别是近几年，参加体育活动的人数逐年增加，与发达国家的建设水平相比还有一定差距。发达国家的休闲体育健身场地的平均占地面积要比我国大，而且有些地方的消费水平也比较高，所以我国在体育设施、场地等方面还需要进一步完善。

（二）我国休闲体育运动发展的困境

城市发展规模取决于资源环境承载能力，城市休闲体育服务设施建设要与城市经济发展水平相适应。现代城市的发展离不开合理的规划和舒适的环境，这就要求我们坚持新的发展理念，将创新、协调、绿色、开放、共享理念纳入城市发展的全过程，消除钢筋混凝土的肆意堆积所带来的负面影响，转变城市发展方式，完善城市治理体系，提高城市治理能力，解决好城市盲目发展所带来的问题，不断提高市民生活质量，建设和谐宜居城市，为城市休闲体育运动发展创造良好的外部环境。城市休闲体育运动是一个新生事物，是在城镇化水平不断提高的大背景下休闲与体育相互融合的产物，是社会发展的必然结果。休闲体育运动不仅是一种商业模式，更是一种潜力十足的产业模式，参与休闲体育运动不仅是每个人的权利，而且也是自我发展的一种方式。城市休闲体育运动的发展依赖于城市建设，因此，城市休闲体育运动的发展应尊重城市发展规律，探索出一条符合自身发展特征的新路径。

1. 发展体制存在障碍

体制障碍是制约事物发展的外因之一，城市休闲体育运动的发展同样存在着体制障碍问题。休闲体育事务的管理中随处可见的"管理之手"为休闲体育发展增添了过多的行政色彩，由于缺乏"市场之手"，休闲体育社会组织性薄弱，这也直接导致了休闲体育公共服务供给不足、不平等。

2. 治理体系尚不健全

面对城市居民不断增长的休闲体育需求，破解城市休闲体育运动发展中存在的难题，必须从制度建设出发，加强底层设计，改变治理方式，创新治理手段。政府主导下的传统体育发展模式往往通过行政命令的方式，自上而下地对体育活动进行管理和监督。然而，经济社会的发展使人民群众的体育需求开始呈现多样化，体育、文化、旅游、娱乐、教育等产业逐步走向融合发展，休闲体育运动的出现满足了人们精神需求的升级。面对这一新情况，体育发展模式中的"管理主义"已无法满足产业发展需要，管理必须向治理迈进，时代呼唤全新的休闲体育治理模式。目前，国家休闲体育治理体系建设还存在一定问题，需要进一步完善。这反映在治理主体多元化改革不够深入、治理结构不够合理、治理方式未能与时俱进等方面。

3. 运行机制缺乏联动

城市休闲体育运动的运行机制是指城市休闲体育各组成部分的特性及其相互关系，以及这些组成部分产生影响、发挥功能的过程和原理。

（1）激励机制不健全

为鼓励市场和社会组织在城市休闲体育服务体系建设中发挥主体作用，不断提升城市休闲体育公共服务水平，政府制定了一系列的激励政策，如购买休闲体育公共服务、对休闲体育产业予以补贴等，初步建立了激励机制。但总体上来说，现阶段的激励措施还比较分散，激励机制缺乏系统性和整体性，激励政策的有关规定还不够明确，基本以定性为主，定量较少，使得激励效果难以显现。

（2）监督机制难以落实到位

当前对休闲体育公共服务进行的监督以行政系统内部监督为主要形式，这一形式十分灵活，有着自己的特殊优势。但政府作为运行机制的参与人，对自身进行监管难免存在不足，缺乏监督自觉性和有效性。而作为第三方的社会监督机制目前还不够成熟，存在受行政力量干预的可能性。

（3）合作机制不顺畅

由于治理主体多元化改革还不够深入，政府、市场和社会组织的治理体系在运行中存在着力量对比不平衡的情况。这影响了多元主体水平网络间的有效联系，难以形成顺畅的合作机制。

（4）机制整合效率不高

在城市休闲文化治理体系的运行过程中，政府除了与市场和社会组织进行协调配合外，政府各组成部门之间同样需要通力配合。但在涉及权力转移与利益整合时，更多深层次的矛盾逐步暴露出来，整合所面临的阻力与难度越来越大，整合效率也难以得到提升。

二、我国休闲体育运动的发展趋势

（一）自然和户外化

休闲体育运动的自然和户外化将成为休闲体育运动的核心发展趋向，其主要是指人们走出传统的体育课堂、体育场馆和喧嚣的城市，走向大自然，贴近大自然，融入自然。城市休闲运动的特征主要是空间小、群体小、付费制，而户外休闲体育运动将呈现多元化、大团体、无支付、空间大等特点。这种休闲方式突破了传统休闲体育运动的局限，在心灵感受和情商培养方面的功能更加显著。更多的人选择离开城市、回归自然，如远足、骑自行车、爬山，从而贴近大自然。

户外运动是人们对大自然的一种渴望、一种追求，是追求人与自然和谐统一的途径。城市群体对于户外有独特的向往，在工作和学习之余，带着一颗渴望自由的心灵投入大自然的怀抱，感觉不同于城市的优美的自然风景，呼吸新鲜空气，体验运动挑战。最受欢迎的休闲体育运动有郊游、野餐、漂流、洞穴探险、定向越野、野外生存、滑雪等户外项目。

（二）刺激和极限化

人们在快节奏的生活和工作中往往寻找一种方式排压和放松，因此对休闲体育运动的刺激和极限化追求就越加明显，通过尝试身心极限活动来获得惊险刺激。例如悬崖跳水、蹦极、攀岩、冲浪、探险等休闲体育运动都充满了未知的探索性和刺激感，产生了"后工业时代"主张极端休闲的强烈冲击的新思路。极限运动在人们的休闲体育活动中占据很大的市场，在美国、英国、法国、澳大利亚等发达国家及我国，很多人选择具有冒险刺激性的休闲体育运动，并演变成一种休闲与娱乐时尚。可见，休闲体育运动将趋向于刺激和极限化发展方向。

（三）健康和生态化

休闲体育运动的健康和生态化是指将生态与休闲两种元素相融合，注重自然生态，注重人与自然、人与社会的和谐发展，强调人与环境的整体协调发展。它不仅是一种可以保护自然和保护生态环境的休闲形式，而且是一种新的生活方式和对生活的态度。毫无疑问，许多现代形式的休闲运动牺牲了自然，牺牲了资源，牺牲了生态，人们也为此付出了惨痛的代价。旅游业的快速发展不单单促进了国民生产总值的提升，还给我们的生态环境造成了威胁，加大了水污染和生态破坏的风险。因此，注重保护自然生态，避免休闲体育带来生态危机，倡导可持续休闲体育运动理念已然成为国内外大众的共识。

第三节　影响休闲体育运动发展的因素

一、政策制度

政府作为制度的重要提供者，在休闲体育运动高质量发展中是不可或缺的。就休闲体育运动的发展来看，政府的作用体现在政策支持、资金引导和立法支持等方面，为其创造一个具有竞争优势的宏观环境。

首先，政策支持。政府通过制定产业政策影响休闲体育产业发展的整体方向和性质，科学合理的产业政策和适度的干预对休闲体育产业的健康发展有积极的现实意义。基于我国现实情况的体育产业政策将推动我国休闲体育产业的发展，而忽略我国实际的产业政策将制约休闲体育产业的发展。

其次，资金引导。企业与产业的创新技术研发离不开资金的投入。政府在发展休闲体育过程中实施税收优惠政策，安排财政资金向休闲体育产业倾斜，提供更多机会和融资平台，鼓励各类金融机构增加对中小微企业的信贷品种，设立投资基金，引导社会资金投入休闲体育产业等，这都使得休闲体育产业发展拥有一个良好的外部条件。

最后，立法支持。在休闲体育运动的发展过程中，不仅需要产业政策支持，而且需要法律来协调和处理休闲体育活动中的各方面矛盾和复杂的体育关系。政府通过制定法律法规合理开发体育资源，规范市场秩序，促进休闲体育运动的良性发展。

二、科学技术

科技是赋能休闲体育产业高质量发展的核心引擎。现阶段，科学技术的应用成为促进休闲体育产业创新发展、提高休闲体育产业生产效率、优化休闲体育产业供需结构的强劲动力。

首先，技术水平的提高促进了休闲体育产业的创新发展，增强了产业活力。不断升级的现代信息技术不仅为休闲体育产业的研发和创新提供了更先进的技术支持，而且还优化了协作方式，提高了休闲体育产业的创新及生产效率。

其次，技术水平的提高有助于加速休闲体育产业的升级与改造。一方面，通过技术渗透休闲体育产业的所有细分领域，重构业务框架体系，突破休闲体育传统产业的界限，丰富了休闲体育产业的内涵，催生新业态，优化休闲体育产业结构。另一方面，通过信息技术的发展进一步打破物理空间对休闲体育产业发展的限制，形成休闲体育企业"互通互联"的更为广泛的协作局面，提高产业生产效率。

最后，技术水平的提高有助于优化休闲体育产品与服务的生产、供给及消费模式。在休闲体育产品生产中，诸如5G和区块链等科学技术的应用促进了休闲体育产品和服务质量与效益的提升。在供给环节，以大数据为代表的信息技术造就了更高标准的精准化产品供给模式。在消费环节，通过对数据的处理分析进一步细分消费人群，并在此基础上形成差异化生产和营销策略，促进了产品供需之间的精准匹配，打造个性化服务。

三、经济发展

经济发展是产业发展的基础，决定着休闲体育运动的发展速度和规模。经济发展对休闲体育运动的影响主要表现在社会经济发展、市场需求、城镇化水平等方面。

（一）社会经济发展

休闲体育运动只可能在社会经济发展水平达到一定高度时才会出现。因此，经济发展不仅是休闲体育产业发展的外部环境因素，同时其自身也通过社会经济发展潜力成为制约核心层和支撑层的一项隐性制约因素。一方面，经济发展水平高的地方，其基础设施体系（如交通、通信、餐饮等）也较成熟，为休闲体育产业提供了优越的发展条件；另一方面，经济发展水平越高，体育发展的资金投入就会增加，体育基础设施得以完善，更好地满足人们的休闲体育运动需求。

（二）市场需求

市场需求促进了体育消费，是休闲体育发展、创新和质量提升的主要动力。随着经济发展和社会进步，居民收入稳步增长，人们的生活水平也大幅提高，人们有了更多的闲暇时间，对休闲体育产品的需求不断发生变化，这为休闲体育企业提供发展契机。一方面，市场需求刺激休闲体育企业不断扩大生产规模、改进生产技术；反过来，技术的提高又进一步推动了市场需求的增加，形成良性循环。另一方面，市场需求指明了休闲体育企业创新的方向，降低了创新风险。市场变化给休闲体育企业带来创新压力，迫使休闲体育企业始终跟随市场需求的脚步，只有符合未来发展需要的创新才能为企业创造价值。企业及时而有效地捕获市场信息，根据市场需求来增加自身的研发投入，提升自身的创新效率，增强企业的竞争力，更好地推动休闲体育产业的可持续发展。

（三）城镇化水平

首先，城镇化水平的提高促进了休闲体育产业结构的调整，而且城市为休闲体育产业发展提供了良好的发展空间和发展机遇。其次，城市经济的增长和成熟的基础设施为居民提供了便利的公共服务，促进了休闲体育产业的发展，最后，城市是我国体育消费的主战场，城市居民是我国体育消费的主体，城镇化水平的提高为体育产品提供了广阔的消费市场。

五、城市发展规划

城市化意味着更多的人由从事较低效率的农业劳动转变为从事较高效率的第二、第三产业劳动，它是经济发展和社会进步的综合体现。同时，城市化的生活也给人们的生活方式和生活环境带来了许多不利的影响。

美国著名的休闲学专家杰弗瑞·戈比认为，由于全球都市化发展趋势，"城市规划变得越来越重要，对人们的休闲活动进行规划（如艺术、文化、体育、戏曲、博物馆、图书馆、公园、自然保护区、野餐、社交活动和其他消遣）也将逐渐成为一个关键性问题。这就是说，休闲服务在日常生活中的地位不会降低；相反，它将变得更加重要"。

在现代城市的建设和发展中，什么样的休闲方式更加有利于提高城市居民的生活质量？这似乎并未引起人们足够的重视，特别是对休闲空间的规划并没有得到应有的重视。因此，要开发有效的休闲方式，必须构建相应的城市休闲空间，这是现代城市发展规划中必须侧重考虑的问题。但事实上在我国的一些城市中，由于人口密集、交通阻塞、环境污染严重、活动空间拥挤、绿化空间缺乏等问题，人们的生活质量不高，有空闲时间而无必需的活动空间。从这个意义上讲，这种状况的发生与城市的规划中缺乏正确而健康的休闲观念和思想有关。现代城市社会学指出，城市的规划应该更有利于人的生存和发展。游憩（休闲）所需要的空间应该是城市规划的一个极其重要的组成部分。

五、社会文化环境

社会文化环境包括一个国家或地区的居民文化教育水平、消费观念、生活质量、体育生活方式等。社会环境较为开放、居民受教育程度高、居民储蓄倾向低等都有益于休闲体育产业的发展。

（一）居民文化教育水平

居民的教育文化程度越高，人们对于精神需求、自身健康和自我实现的价值越加重视、对休闲体育的需要越强烈。在我国许多一线城市，人们的休闲消费和时间明显增加，休闲体育越来越成为居民的日常锻炼方式，有利于国民素质提升，导致休闲体育需求的增加，推动休闲体育产业的高质量发展。

（二）消费观念

消费观念决定着人们对可支配收入的分配状况，它直接影响着人们对于休闲体育产品和服务的需求，是拉动休闲体育产业发展的重要因素。

（三）生活质量

居民的体育消费方式已经由实物型消费转变为观赏型、参与型消费。生活质量的提高使居民的人均可支配收入增加，这会促使更多的人参与到体育健身和运动竞赛中。同时，居民生活水平的提高也会改变消费结构，人们对于购买体育产品与服务的意愿增强，对休闲体育消费习惯的培育、推动体育产业发展具有重要作用。

（四）体育生活方式

所谓体育生活方式，是指在一定社会客观条件的制约下，社会中的人、群体或全体成员为一定价值观所指导的满足多层次需要的全部体育活动的稳定形式和行为方式。它是人类生活方式的一个重要组成部分，又被自然、社会和自身条件所制约。自然条件是指自然地理环境，社会条件是指政治、经济、文化、教育、风俗、习惯与大众传媒等，自身条件是指个人的身体状况、劳动条件、经济收入、消费水平、休闲时间的占有量以及接受教育的程度等。可以看出，体育生活方式反映的是人们怎样生活的问题。由于从"吃饱"到"吃好"的新生活方式的过渡期太短，人们对这突如其来的变化表现出极大的不适应。因此，引导人们践行积极的、健康向上的体育生活方式，必将在护佑人类健康、提高人类生活质量方面起到重要的作用。

第三章 不同群体的休闲体育运动

人们的生活中处处都有体育的身影，体育逐渐变得日常化及终身化。休闲体育以一种现代化健康生活方式进入不同群体的视线中，提高人民群众的身体素质和品德素质，维护社会和谐稳定、促进经济的大发展，成为当今社会发展的重要方向和趋势。本章分为不同年龄群体的休闲体育运动、不同性别群体的休闲体育运动、不同社会阶层的休闲体育运动三个部分，主要包括儿童、青少年、中年人及老年人的休闲体育运动，不同性别群体的休闲生活特点、体育运动特点，社会阶层的概念及分类，不同社会阶层的休闲体育运动差异及指导等内容。

第一节 不同年龄群体的休闲体育运动

一、儿童的休闲体育运动

（一）儿童时期的休闲体育运动

在实际日常生活中，适合儿童的运动项目有很多，如自由活动、走、跑、攀爬类的活动，跳绳、游泳、垫上运动（滚翻）、体操、足球、篮球、乒乓球、羽毛球、网球、投掷、垒球、冰球、摔跤、武术等活动。在这些项目中，可供儿童选择的休闲体育运动项目也不少，并且不同的运动项目有着不同的效果。选择长时间跑的游戏、游泳、跳绳等，可以增强耐力；选择跳、投等，可以增加力量能力；选择跳舞、打秋千、拍球等，可提高灵敏协调能力；选择体操、按压等，可提高柔韧能力；而进行多种多样的运动项目则可以使儿童的身体得到全面锻炼。

儿童处于身体发育的关键时期，其身心发展具有特殊性，因此，在进行休闲体育运动时应注意以下几点。

第一，注意时间和强度的正确选择。时间不宜过长，强度不宜过大，不应超过儿童的身体负荷能力。儿童的神经调节机能尚未发育完全，并且呼吸肌发育较弱，肺活量较小，运动中在呼吸动作与运动动作不能很好地配合的情况下，只能靠提高呼吸频率来增大肺通气量。因此，控制运动的强度和时间在儿童休闲体育运动中非常重要。

第二，提倡休闲体育运动方式的多样性。儿童的身体各器官需要均衡发展，因此多种多样的休闲体育运动形式有助于提高他们身体的灵活性、增强体质。

第三，保证儿童充足的休息与睡眠。充足的休息和睡眠有利于儿童更好地进行休闲体育运动。此外，营养的补充对儿童身体的发育作用也不容小觑，可以为他们进行休闲体育运动提供基础。

（二）青春期的休闲体育运动

青春期是人体急剧变化的时期，身体形态和功能都处于急速生长和完善的阶段。在这一时期，经常进行休闲体育运动能够促进身体形态与功能的生长发育。

青春期可进行的休闲体育运动有很多，在青春期的不同阶段可选择不同方式的休闲体育活动，具体如下。

①青春发育初期，选择以灵敏性、协调性和柔韧性为主的运动项目，如健美操、广播体操、乒乓球、跳绳、踢毽子等。

②青春发育中期，选择以速度为主的运动项目，如短距离快跑、变速跑、爬楼梯、爬竿、羽毛球等。

③青春发育后期，由于各器官发育日趋成熟，可选择增强速度耐力、一般耐力和力量性练习的项目，如中长跑、登山、游泳、骑自行车、足球、排球、篮球等。

二、青少年的休闲体育运动

休闲体育运动对青少年健康生活方式的养成具有重要意义，不仅能提高学生的体质健康水平，充实学生的闲暇时间，而且还能丰富学生的体育文化生活，促进其身心全面发展，提高其社会化水平。

（一）休闲体育运动对青少年的作用

休闲体育运动是青少年生活的重要组成部分，对青少年有着重要作用，这种作用不仅体现在青少年的健身健心方面，而且还体现在青少年的社会交往方面。

青少年步入社会后，在社会中扮演着不同的角色。在社会中，青少年需要和不同的人打交道，人际交往往往会成为他们融入社会、适应社会的关键。休闲体育运动在很多情况下充当了青少年人际交往的手段。青少年热衷于走出家门，参加各类休闲体育活动，如以武会友、以棋会友。在多样的休闲运动中，社会交往的范畴会得以拓宽，与他人的情感交流也得以促进，从而建立起良好的人际关系，使生活和工作更加愉快而充满活力。

人的心理发育在青年时期达到最佳水平。在此阶段，感知、记忆、想象能力均达到成熟水平，心智活动的效率也达到最高水平，理解、分析、推理以及创造性思维能力比较强。一些具备休闲娱乐功能的休闲体育项目成为青少年休闲体育的首选，如象棋、围棋、桥牌和扑克等。从事这些休闲体育运动不仅可以达到娱乐消遣的目的，而且还可以达到锻炼思维和促进智力发展的效果。但需把握活动的适度性，否则便达不到休闲的目的。

青少年由于自身的特殊性，经常表现为自控能力差，情绪易激动，容易对事物过度狂热，因此在休闲体育运动中需要遵循相关准则和道德原则，养成良好的体育运动习惯，使得休闲体育运动能够顺利进行，从而获得良好的运动效果。随着年龄的增长，社会角色和生活环境也会不断变化，青少年要培养休闲体育运动的好习惯，有助于为中年时期的健康打下牢固的基础。

（二）青少年休闲体育运动的开展对策

1. 学生层面

（1）加深对休闲体育的认识

学生对于休闲体育的认知程度直接影响学生参与休闲体育活动的态度与实践行为，但就目前来讲，学校对于休闲体育运动知识的宣传和相关活动组织的缺乏是造成学生认知水平较低的主要原因。基于这点，首先应加强休闲体育知识的普及教育，互联网的应用与日常生活紧密相连，学生获取相关知识也较为便捷，因此可以建立相关网站及公众号供学生浏览。其次，宣传上应该加入休闲体育项目的视频，让学生更直观清晰地进行了解学习。

（2）激发休闲体育兴趣

兴趣是最好的老师，它是人内心的一种体验，是长时间形成的。若一个人对某个东西充满兴趣，则会主动去了解、钻研它的规则，去体验它。有了对休闲体育活动的兴趣，就能产生参与休闲体育的动机，从而更好地进行休闲体育活动。

（3）养成锻炼习惯

休闲体育运动是良好的生活方式，学生应坚持参加休闲体育运动，养成休闲体育运动习惯。不论是对健康还是对学习都有益处，能缓解学业压力，释放情绪，养成自身积极向上的心态。

因此，学生首先要正确认识休闲体育的相关内容，积极参与其中。休闲体育运动也是一种健康的生活方式，学生要学会在参与休闲体育运动的过程中释放自己的压力，舒缓心情，调整心态，树立正确的休闲体育意识，养成良好的休闲体育观。从休闲体育活动中学到更多技能，促进自我身心和谐发展。

2. 学校层面

（1）完善休闲体育设施，丰富休闲体育内容

休闲体育运动的场地、环境、设施等是影响学生参加休闲活动的重要因素，也直接影响学生进行休闲体育运动的兴趣以及活动后的体验。首先，学校个体无法全面独立地完善场地设施，所以要积极地向其他社会组织寻求合作、赞助，以实现休闲体育场地设施的完善。其次，学校自身对现有的休闲体育活动内容进行丰富与扩展，可以通过多举办一些拓展活动、运动会及成立各类协会、社团等方式，促使老师和学生加入进来。

（2）加强学校体育教师对休闲体育的组织及指导

学校设置的体育课程较为枯燥，形式较为单一，学校体育教师需要提高个人的休闲体育素养，以便更加科学有效地指导学生开展休闲体育运动，激发学生的参与兴趣，增强其参与体验感。

（3）学校多开展休闲体育运动，严禁侵占休闲体育时间

青少年的课业负担过重是我国基础教育中普遍存在的问题，在应试教育的大背景下，学生休闲体育时间严重缩短。学业成绩不再是衡量学生的唯一指标，学校应该完善学生评价体制，学习和休闲体育同步发展，严禁侵占学生应有的休闲体育时间。

（4）学校有关领导转变观念，加深对休闲体育重要性的认识

学校领导的固有观念是加强课程学习，增加学生在专业课程上的学习时间，从而减少学生进行休闲体育运动的时间。要想从学校层面进行改善，校领导的思想观念就必须转变，改变传统理念，加强对休闲体育重要性的认识。

学校作为青少年学习的主战场，应积极开展一些关于休闲体育知识的普及活动，让学生正确理解认识休闲体育，同时展现多样的休闲体育形式，并教授学生

一些休闲体育技能，拓宽学生的眼界，让学生体会休闲体育的乐趣所在，从而明白休闲体育的真谛。学校需要加强对青少年的休闲体育教育，发挥学校的主体作用，从闲暇时间出发合理安排指导，以期达到一个良好的锻炼效果。

3. 家庭层面

（1）深化家长对休闲体育重要性的认识，提高支持度

家长也是学生进行休闲体育运动的一个重要影响因素，与学校的固有思想较为相似，家长也更关注学生学业层面的发展，从而忽视休闲体育层面的发展。所以也要深化家长对休闲体育重要性的认识，提高其对学生参与休闲体育运动的支持度。

（2）关注青少年休闲体育的发展，转变消费观念

现阶段，网络的应用已经逐渐渗透人们生活的各个领域，尤其是网络虚拟交易市场的高速发展、网上支付的广泛应用，极易使处于成长发育阶段的中学生产生扭曲的消费观念，出现非理性消费。家长首先要引导学生进行理性消费、合理消费，树立健康的消费观念；其次要帮助学生认识休闲体育的价值和作用，促使学生树立合理的休闲体育消费观念，养成积极健康的生活方式。

（3）家长以身作则，营造良好的休闲体育氛围

家长应多花时间去陪伴学生积极参与休闲体育运动，而不是花钱给学生报名各种所谓的"兴趣班"，这种做法只会削弱学生的兴趣，达不到预期效果。家长陪伴学生参与休闲体育运动，一方面加强了双方的身体素质，另一方面也以身作则，给学生营造了良好的家庭休闲体育氛围。

因此，家长要积极配合，转变自己的观念。有研究结果显示，学习与运动相结合会达到不一样的效果，更能调节学生的心态，缓解学业压力。家长要鼓励孩子参与休闲体育运动，以身作则，带动孩子，不再把学习成绩作为唯一的衡量标准，营造良好的家庭休闲体育氛围。

4. 社会层面

（1）关注公共体育服务的供给，提高公共体育设施的利用率

政府应关注休闲体育，发挥引领作用，给予更多的帮助和扶持，创造良好的发展条件。同时关注更多体育服务的供给，让学生从外部条件上就有更多进行休闲体育运动的可能。

（2）加大宣传力度，增强青少年的休闲体育意识

不定期举办社区的休闲体育活动，一方面可以加强对休闲体育活动的宣传，另一方面也可以提高青少年参与休闲体育的意识。

（3）政府与社区协调治理休闲体育环境，营造良好的休闲体育氛围

切实有效地增加休闲体育场地的设施，同时加大休闲体育场所的开放力度。政府相关部门适时调整完善社区体育设施建设规划，广泛征求社区的建议，将措施落到实处。政府与社区协调治理休闲体育环境，提高休闲体育场馆的管理水平，营造一个良好的休闲体育环境。

因此，相关部门必须采取适当的措施，制定相关政策，并且督促地方各部门完善休闲体育运动的设施，督促学校做好对在校学生的休闲体育教育工作。与当地实际情况进行结合，从学生、学校、家庭、社会四个层面出发，实现良好的互动和促进，使休闲体育观念深入人心，让青少年深深地受到休闲体育氛围的影响并自觉投身其中。

三、中年人的休闲体育运动

（一）中年人休闲体育运动的影响因素

1. 主观因素

（1）健康认知

体育参与行为与健康认知之间关系密切，缺乏对健康的正确、全面、客观认识，会减少或消除主体对体育活动的需要，从而影响体育生活方式的形成。只有少部分中年人对健康有着正确的认识和理解，而部分中年人只注重身心健康，忽略了社会适应能力对健康的影响。健康意识反映出人们对健康的认识和理解程度，健康意识的强弱可以理解为对健康需求程度的高低。

近两年新型冠状病毒肺炎（以下简称"新冠"）疫情的发生促使中年人健康意识发生了不同程度的觉醒，运动促进健康、预防疾病的观念得到人们的充分肯定，健康意识强的人对健康的需求程度就高，参与体育锻炼也就越积极；反之，健康意识弱的人对健康的需求程度也低，主动参与体育锻炼的意识也就欠缺。中年人要明白健康的重要性，健康离不开体育锻炼，积极参与体育锻炼是预防疾病的有效手段。中年人作为国家社会主义现代化的建设者、家庭的中流砥柱，他们的身心健康状况不仅关系到个人与家庭的幸福生活，而且还关系到国家的建设与发展。因此，提高中年人的健康认知，促使他们积极、主动地参与体育锻炼，养成科学、文明、健康的体育生活方式，对于个人健康、家庭幸福和国家发展来说都具有重要的促进作用。

（2）体育活动观念

意识决定行为，人们的体育活动行为是受活动意识支配的。生活温饱问题解决之后能不能在余暇时间参加体育锻炼，关键在于人们的体育活动观念。中年人在余暇时间参与体育锻炼的积极性不足，体育活动观念较弱。体育活动观念与体育活动行为之间是正相关关系，体育活动观念强的人，其体育行为也会更持久、更稳定；而体育活动观念弱的人参与体育活动往往是被动参与而不会主动参与，体育活动行为的不确定性较强，稳定性差。现代生产生活设施自动化、电气化程度的提高在一定程度上解放了人们的双手，提高了人们的工作效率，家务劳动的时间减少，人们的余暇时间得以延长，提高余暇时间内体育活动的比重已经成为一种时尚和新的生活理念。

（3）体育价值观

体育价值观是个体或群体表现出的与体育需要之间的关系，是对体育存在属性、作用以及发展变化表现出的观念的总和，是一个多层次、多维度的综合概念。中年人虽有明确的体育活动参与动机，但是体育活动参与率并不高，参与体育活动受客观条件的影响较大，归根结底还是由个人的主观意识决定的。因此，树立正确的体育价值观，提高中年人的健康意识和体育参与意识，实现"体育生活化"由观念向行为的转变，有助于促进中年人体育生活方式的形成。

（4）体育需求

当身体从生产劳动中脱离出来，体育也由原来的生存需要转变为一种享受和发展的需要。通过体育锻炼提高身体素质，增进自身健康，缓解生活和工作中的压力，宣泄不良情绪，以健康的身体、积极乐观的心态正视生活和工作中的各种挑战。生产方式的变革带来了生活方式的变化，现代生活方式给人们带来便利的同时也潜藏着诸多影响人们健康的危险因素。

随着生产方式的变革，社会生产力水平大幅提高，必要体力劳动的减少及脑力劳动的增多，导致出现了以脑力劳动者为典型的"肌肉饥饿、运动不足"等现象，产生了以心脑血管疾病为主的"现代文明病"。物质生活水平提高，人们的饮食结构发生变化，对动物蛋白和脂肪的消耗增加，从食物中摄取的热量增多，活动减少和营养过剩的生活方式导致"腹部肥胖综合征"蔓延开来，高血压、糖尿病、骨质疏松等许多"现代生活方式病"屡见不鲜。生活方式与中年人的健康息息相关，改善生活质量和提高生命质量是中年人亟须解决的问题。体育生活方式作为科学、文明、健康的生活方式，以最积极、最有益的方式改善中年人的生活质量，保持中年人的生命活力。因此，中年人参与体育锻炼的健康需求和生命需求也可以通过体育生活方式来实现。

2. 客观因素

（1）经济水平对体育生活方式的影响

经济基础不仅是中年人生活质量的基本保证，同时能够为中年人业余爱好的顺利开展提供物质保障。体育消费水平是体育生活方式的重要组成部分，体育消费水平的高低在很大程度上受经济收入水平的影响，因此经济收入水平在一定程度上影响体育生活方式的形成。

（2）锻炼环境条件对体育生活方式的影响

体育活动基础设施作为良好体育活动环境的必备条件，是中年人开展体育活动的重要保障。经营性健身场馆相比开放性公共活动场所设施配备齐全，在锻炼过程中还可以提供科学的健身指导，锻炼氛围也相对浓厚，有助于提高中年人的参与兴趣。加强体育活动公共场所基础设施建设，推动体育活动环境的不断优化，对中年人体育生活方式的形成具有积极的促进作用。体育锻炼是社会活动领域的体育活动内容，社会环境同样会影响中年人的体育生活方式。

当前新冠疫情仍在无形之中威胁着我们的健康，尤其是对于外出参与室外锻炼的中年人而言，内心难免会有所顾虑。在开放性公共体育活动场所进行锻炼，人员较为密集，团体性体育活动项目尚不具备开展的条件，社会环境的容纳程度和所能提供的保障条件对中年人的体育活动行为造成影响，影响体育生活方式的形成。

（3）家庭负担对体育生活方式的影响

人参与体育锻炼受家务劳动、工作和生活负担等因素影响。现代社会行业竞争愈演愈烈，生活节奏加快、负担加重，无论是生活、工作还是家庭，对中年人的要求越来越高。生活必需品消费支出额度的增加，消费项目的增多，再加上赡养父母、照顾子女的花费以及房贷的压力对中年人来说是长期存在的，源自生活经济、家庭责任和工作竞争等方面的压力使中年人的生活长期处于高度紧张的状态。

繁重的生活和工作负担使得他们无暇顾及体育锻炼，因此尽快改善这一现状，提高中年人参与体育锻炼的积极性，树立起"健康是最大的幸福，是个人发展的前提"的观念，是帮助他们形成体育生活方式的有力保障。

（二）中年人参与的休闲体育运动项目

步入中年，人的身体机能会出现一定程度的下降，运动观念也可能发生改变。与青年人追求刺激、追求时尚相比，中年人更倾向于追求休闲品质和树立健康理念，更注重休闲体育的内涵及运动的养生与健身价值。因此，散步、慢跑、自行车骑游、爬山、游泳、跳操、跳舞等有氧运动和体能要求不高的小球运动受到了中年人的偏爱，如象棋、扑克、麻将、垂钓等一些能修身养性和愉悦身心的非运动性休闲体育项目在中年人群中颇受欢迎。

从中年时期开始，人体的运动能力和运动素质将不断地下降。青年人喜爱的那些负荷较大、对抗激烈，要求快反应、高速度、高强度、短时间内完成动作的运动项目，尤其是一些冒险运动和极限运动项目，对于中年人来说身体条件已无法适应。而以健身、娱乐为目的的休闲体育运动与中年人的身体特点相适应，因此负荷适宜的健身类、健美类、娱乐类、保健康复类运动休闲项目受到广大中年人的喜爱。

经过多年的奋斗，相对青年人来说，中年人有了更加雄厚的经济实力。这使得中年人的休闲体育观念也发生一定程度的改变，中年人的休闲体育带有"高档消费"的特点。步入中年后，大部分人的家庭生活较为稳定，还有些事业有成的人士喜欢出入高档休闲体育场所，享受"休闲大餐"或加入高档体育俱乐部，享受俱乐部提供的完善的环境设施和高品质的服务。如高尔夫球、保龄球、网球、台球、水上运动、健身俱乐部，甚至登山、赛车、射击等也深受这部分人群喜爱。

随着年龄的增长，中年人的人生阅历和经验越来越丰富，同时他们对体育运动的兴趣越来越小，但更为持久稳定。许多他们在青年时代热衷的体育项目，随着年龄的增长对其热爱程度也逐渐降低，而体育兴趣的稳定持久特征体现在中年人身上就是一旦确定对某一项目的喜爱，便很少再为其他兴趣所干扰。这种特点对中年人养成一定的休闲体育习惯非常有利，便于其理解休闲体育的内涵，享受休闲体育的乐趣。但是一旦因各种条件导致此项运动无法正常进行，便会导致中年人运动的中断，从而影响生活质量。因此，中年人的休闲体育可以从自己的兴趣出发，多选择几项运动项目，注意休闲体育的活动性质、内容结构和时间结构的合理搭配，养成良好的休闲体育习惯。这样就能丰富余暇生活，终身享受休闲体育带来的健康与快乐。

球类运动深受人们的喜爱，也是中年人休闲体育的重要内容。在球类运动中，除了传统的乒乓球、羽毛球、网球、门球，一些小群体的球类运动，如三人篮球、五人制足球、沙滩排球等，因其趣味性、娱乐性较强，也成为中年人的热衷对象。一般来说，中年人的探新求异欲望逐渐开始变弱，但这并不妨碍一些新兴休闲体育项目在中年人中的流行，如溜索、潜水、冲浪、滑水、赛艇、漂流、飞伞、热气球、卡丁车等。但毫无疑问，与青年人相比，中年人在精力与体力方面已表现出较大的差距。

中年人已经具备了休闲体育的基本知识和体育运动的基本技能，但是由于客观条件的限制，如工作繁忙等，往往缺乏参与休闲体育的主动性和积极性。因此要增强中年人的休闲体育意识，可多组织休闲体育活动，让中年人参与其中，形成休闲体育的习惯，使休闲体育成为他们丰富文化生活的途径之一，并成为他们日常生活的重要组成部分，为他们从事终身体育打下坚实的基础。

（三）中年人休闲体育运动的开展对策

1. 增强中年人体育锻炼意识

体育运动是预防疾病的健康保障，进行科学的体育锻炼能够提高自身的免疫力，对预防疾病有着积极的作用。因此，合理利用体育锻炼有效预防疾病的优势，加强体育健身防疫知识的宣传，形成体育健康宣传常态化，从根本上提高中年人的体育锻炼意识，促进体育生活方式的形成。充分利用社区、街道中年人居住集中的优势，加强体育健身防疫宣传，可以从以下几个方面开展。

一是充分发挥各社区、街道微信群或QQ群的人员集中优势，定期在群内推送有关体育与健康的文章，从思想上树立正确的体育健康意识。

二是街道、社区要开展各种体育健身公益讲座，加大对体育锻炼增强抵抗力、预防疾病功能的宣传力度，形成正确的体育锻炼价值取向，从认知上转变中年人参与体育锻炼的态度。

三是要定期组织开展多样化、趣味性的群众健身活动，通过举办社区、家庭趣味运动会的形式从行动上强化中年人对体育活动的参与，实现体育活动意识向体育活动行为的积极转变。提供多种途径加强中年人对体育健身防疫相关知识的学习，增强中年人体育锻炼意识，实现体育锻炼向身体活动本能的转化，把体育锻炼融入日常生活之中，推动体育生活方式的形成。

2. 强化中年人体育活动行为

在体育锻炼过程中，科学的健身指导对保障中年人的运动安全、提高体育锻炼兴趣以及强化体育参与行为、实现锻炼效果等都具有积极的促进作用。

首先，政府体育管理部门充分利用自身的职能，充分利用大众传播媒介的优势，通过抖音、快手以及微信公众号等建立"体育健身百科全书"官方账号，以短视频的形式分享科学锻炼内容并提供健身方法指导；邀请奥运会冠军、体育健康领域专家、体育健身达人等举办线上体育锻炼指导讲座，为中年人学习科学健身理论知识提供便捷化渠道。

其次，高校社会体育指导与管理相关专业应充分发挥自身的学科优势，注重"一专多能"复合型健身人才的培养，鼓励支持学生积极投身到群众体育健身活动中来，利用自身的专业优势，充分发挥在群众体育健身指导、健身方法等方面的引领作用。

最后，健身俱乐部等相关单位应定期深入社区、街道开展体育健身公益讲座，加强俱乐部线上课程的研发，利用互联网建立自己的营销账号，注重健身教练员健身方法的创新以及培养网络直播人才，定期分享健身方法，提供用户锻炼交流平台，为中年人学习健身知识提供专业指导。定期提供科学的健身指导，不仅解决了中年人体育健身的技术问题，而且也有助于提高其体育健身参与兴趣，推动体育生活方式的形成。

3. 满足中年人体育健身需求

现阶段我国群众参与体育的热情空前高涨，体育健身器材、羽毛球等销量暴增，室外健身场地使用率大大提高，各类健身设施受到群众的青睐。要提高中年人体育参与意识，更好地满足中年人的体育健身需求，是我们必须认真思考的问题。

首先，国家和地方体育管理部门应加大群众体育健身政策的扶持力度，健全体育政策与法律法规，为中年人参与体育锻炼提供政策上的支持和法律上的帮助；增加体育基础设施建设的经费投入，完善体育公共服务体系，坚持以人为本的原则建设全民健身体育活动场馆，实现"15分钟健身圈"全覆盖，配齐、配全体育活动基础设施器材；定期安排专人检查维护设施器材，提高服务质量，合理优化体育活动场所周边环境，提供舒适、优美的绿地锻炼环境。

其次，地方体育主管部门除坚决落实上级政策法规外，还需强化自身的市场监管职能，对经营性健身场所定价结合当地中年人经济收入实际情况进行适度调整；引导中年人养成科学健身意识，帮助中年人树立正确的健康投资观，鼓励建设以社区、街道为单位的民间体育健身组织，重视民间体育健身组织在中年人健身活动中的积极作用。

最后，注重体育活动形式的创新。鉴于新冠疫情给我国群众体育健身带来的消极影响，推动体育健身形式的多元化发展是重大突发公共事件下满足群众体育健身需求的重要手段。充分发挥线上体育锻炼的优势，形成"线上＋线下"健身活动形式，发挥场景化健身模式简单、高效、经济的优势，满足中年人对不同健身形式的多样化需求，保障体育活动参与行为的持续性和延续性，推动体育生活方式的形成。

4. 选择适宜中年人的体育运动项目

中年人要选择适宜的体育运动项目。例如，在冬季锻炼可采取居家"云"锻炼方式，跟随运动类APP如Keep、乐刻运动等的线上运动课程进行锻炼，或是选择一些基础性的体育活动，如爬楼梯、开合跳、俯卧撑、仰卧起坐等。

哈佛大学研究团队的一项新研究提出仅需12分钟的高强度运动，就能使全身502种代谢产物的水平发生有益改变。因此建议身体素质较好、平常有着良好锻炼基础的中年人可适当进行一些高强度的间歇性训练。

如有外出锻炼的必要，尽量避免那些集体性、聚集性的活动项目，可选择一些户外运动进行锻炼，如骑行、登山等，在参与此类活动时要特别注意运动过程中的人身安全。如在健身场馆等人员密集度高、空间相对密闭的场所锻炼，在运动的过程中要时刻保持开窗通风，加强室内外空气流通，自觉与他人保持一米以上的合理锻炼距离。在运动项目的选择上，可选择一些锻炼者间距相对较远的运动项目，如隔网对抗类的羽毛球、乒乓球、网球等。

此外，场馆管理工作者要严格控制馆内锻炼人员密度，如控制在30人以下；适当延长场馆开放时间，最大限度地保障中年人的运动需要；定期对室内空气和地面、器材进行消毒；规范进出场地流程，严格落实"一人一码一登记一测量"的措施，为中年人来馆内锻炼提供心理保障。

中年人除要提高个人防护意识外，还需从内心建立起重大疫情的应对体系，既要重视应急体系下的"控"，更要重视常态化模式下的"防"和疫情结束后的"复"。

5. 提高中年人体育参与频率

注重对中年人的体育人文关怀，通过减轻中年人家庭劳动和生活、工作负担的形式，为中年人参与体育锻炼创造条件。

首先，家庭子女要主动承担家务劳动，帮助父母料理家务，减轻父母的家务劳动负担，为他们参与体育锻炼创造时间条件。在日常生活中给父母更多的关怀与关爱，鼓励、支持父母积极参与体育锻炼。

其次，单位领导可以通过采用每日健康打卡的方式督促中年人参与体育锻炼，定期组织、开展趣味性的大众健身活动以增强中年人的参与兴趣。

最后，地方政府要大力发展当地社会经济，保障物质生活的同时提高中年人的精神生活追求，加大对体育健康知识的宣传力度，使中年人树立正确的体育健康观念，提高中年人参与体育活动的积极性与自觉性。

四、老年人的休闲体育运动

休闲体育是缓解人口老龄化压力最方便、创新、高效的方式以及保障老年人精神健康、身体长寿的理想途径。大部分老年人随着年龄的增长常出现身心问题，而休闲体育是一种活动强度较低的运动，具有很好的活动效果，可以很好地解决老年人体育活动参与困难的问题，促进老年人身心健康，给老年人提供社交平台，减少老年人的孤独感，发挥自身的剩余价值。积极参与休闲体育的老年人不仅可以激发内心的活力，而且还可以重新构思自己的生命蓝图。从增进老年人心理健康的角度来看，不少老年人是独居或空巢老人，会慢慢出现对生活怠慢、失望等心理。休闲体育活动能够拉近人与人之间的距离，促进老年人的社交，减少其孤独感，有利于心理健康。结合老年人的现实情况得出，休闲体育是比较适合老年人的一种休闲运动。因此，老年人在面对现实生活时内心应保持积极乐观的心态，消除因年龄增长而引起的焦虑和自卑心理是极其重要的。

（一）老年人休闲体育运动的影响因素

1. 内部因素

（1）身体因素

对于60周岁以上的老年人来说，随着年龄的增长，身体机能也会随着时间的推移变得越来越差，同时个体肌肉力量、耐力和柔韧度等基本身体素质会大幅度降低。而且在进入老年期后，大部分的老年人或多或少有一些轻微疾病，有一部分老年人还可能患有严重的疾病，这些疾病对于老年人来说直接影响其休闲体育锻炼。因此，老年人的身体健康状况是影响他们参与休闲体育锻炼中最主要、最根本的因素。

（2）主观因素

老年人对于休闲体育锻炼的认识和了解不足，也是老年人参与休闲体育锻炼的重要影响因素。老年人在进行休闲体育锻炼时通常以增进健康为锻炼目的，以兴趣和习惯为主动参与到休闲体育锻炼中的动机，并没有特别明确为何要参与到这项休闲体育运动中来,也不清楚该怎样更好地参与到休闲体育活动中去。

大部分老年人参与休闲体育锻炼的时间比较少,对于某些休闲体育项目来说,锻炼时间的长短并不能和老年人锻炼的有效性成正比。而且老年人对休闲体育项目的锻炼方法及手段等不了解也可能影响到老年人的锻炼积极性。

老年人参与休闲体育项目,对该项目本身以及科学的锻炼方法往往是不了解的。在这方面政府以及社区要加大宣传的力度,让具有该领域知识的专业人士进行指导,比如进行休闲体育锻炼时在本项目的锻炼方法、体育保健与健康管理、体育锻炼安全意识等方面要做好宣传工作,让更多的老年人学会一些基础知识和科学的锻炼手法。这样不但能够使老年人积极主动地参与到休闲体育锻炼中来,而且还能够使老年人享受休闲体育锻炼带来的乐趣和美好。

(3)时间因素

对于老年人来说,并不是所有老年人都有充足的时间去进行休闲体育锻炼。随着经济的快速发展,老年人的子女通常忙于工作,并没有充足的时间去照顾老年人的孙辈的日常生活起居,因此这一部分老年人就要负责家庭杂务和接送孙辈上下学等。这部分老年人一天中大多数的时间都在照顾儿孙辈,因此并没有很充裕的时间去进行休闲体育锻炼,有空闲时间之后老年人的精力和体力可能也不允许他们去做一些休闲体育锻炼。这种情况非常常见,所以他们留给休闲体育运动的时间不是很充裕,对于这部分老年人来说,时间因素是直接影响他们参与休闲体育运动最主要的因素之一。

(4)经济因素

哲学中提到过经济基础决定上层建筑,在体育方面,经济收入是基础,休闲体育运动就成为上层建筑。休闲体育运动的开展建立在一定的经济基础之上,尽管老年人进行休闲体育运动时消费水平不高,但是最基本的经济条件是老年人参加休闲体育运动、实施休闲体育行为的基础。老年人的日常生活非常节俭,他们每个月在休闲体育运动中的投入并不多,并且公共的、免费开放的体育场所很多,老年人通常都不会去需要支付费用的场所进行锻炼,但是必要的服装、器材费用老年人还是会支出的,比如统一的服装和球拍。所以经济因素对老年人参与休闲体育运动的影响比较大。

2. 外部因素

(1)基础设施

休闲体育运动场所对老年人的影响在所有影响因素中占比并不高,一方面因为是公共体育场所以及公园分布情况能满足老年人日常的休闲体育需求，例如市民经常去的公园、广场等都分布在居民集中的位置，场地足够宽阔，适合各项休闲体育活动。另一方面，大多数老年人参与的休闲体育活动对场地及基础设施要求不高，比如广场舞和散步、慢跑，只要场地面积大就不需要太多的基础设施。有些对场地要求较高的休闲体育运动，比如乒乓球、羽毛球、门球和钓鱼，就需要专门的场地甚至专门的场馆，参与这类项目的老年人可能对一些体育基础设施要求较高。随着人们生活水平的日益提高，老年人对于改善生活质量以及提高身心健康水平的需求越来越多，将来会有越来越多的老年人参与到体育锻炼中来。因此，如何满足老年人日益增长的体育锻炼需求成为政府部门和社区、街道要面临和解决的问题。

（2）指导与组织

老年人参与休闲体育运动的组织形式中无人组织的占比最大，民间自发组织位居第二，其次是社区组织，而政府组织的最少。老年人参与休闲体育的组织形式比较自由，以老年人的自由参与为主，更加轻松。但老年人的休闲体育组织形式存在一些不足，体育局与中国老年人体育协会每年都会组织老年休闲体育比赛，但是每年开展的体育活动形式过于单一，通常都为广场舞和扭秧歌这类大型舞蹈形式，对于太极拳、太极剑、健身气功、球类运动等休闲体育项目缺少组织和进行相关指导，很多老年人并不清楚参加什么项目更适合自身和有益于身心健康。这就需要政府部门和各个社区积极发挥组织作用，让更多的老年人了解自己所参与的休闲体育项目，更积极主动地参与到休闲体育锻炼中来，进一步丰富和充实老年生活。

老年人参与的休闲体育项目大部分都是自发的和无组织的，一些休闲体育项目很少甚至没有专业性的指导，有的老年人可能对一些新兴的休闲体育项目非常感兴趣，但是因没有专人指导自己而摸不清门路，所以就放弃了这项本应该更有益于自己身心健康的休闲体育活动。政府和社区很少组织专门的指导与培训活动，体育专业的学生也很少能够将自己的专业特长发挥出应有的作用，这就导致老年人每天在盲目进行休闲体育活动，并不知道这项休闲体育运动是否真的对自己有益。这样长期下去，进行休闲体育运动所获得的健身效果也不尽如人意，也会导致老年人进行休闲体育运动的积极性和热情减退，从而出现了所调查影响因素中的不感兴趣的情况。

（3）气候因素

气候因素是老年人参与休闲体育锻炼最重要的影响因素之一，降雨、降雪、刮风和空气质量问题等不利天气都会影响老年人的外出运动和参与休闲体育运动的积极性。例如，北方春季的干旱、大风容易导致沙尘天气，不利于老年人的日常出行；夏季傍晚与清晨温度宜人，但是会有降雨集中的情况出现；秋季是最适合老年人外出参与休闲体育锻炼的季节，全天都适宜参加不同项目的锻炼，多数室外的休闲体育比赛都在秋季进行；冬季出现降雪后道路结冰和气温降低都会影响老年人外出参加休闲体育活动，安全问题是老年人在冬季参加休闲体育活动首要考虑的因素。这些不确定因素都会影响大多数室外进行的休闲体育运动。

（二）老年人休闲体育运动的开展对策

老年人休闲体育运动项目的开发要依据其身心特点，内容要丰富，形式要多样，可以积极推广健身跑、广场舞、持杖走、骑行、球类、登山等休闲项目，让每个人都能找到自己喜爱的健身项目。充分发挥各体育协会及各级部门的力量，发挥社会力量，成立方便、创新、灵活的体育组织，把文化、养老、旅游、精神文明、医疗卫生等相关活动和群体性健身活动进行全面整合。

1. 政府方面

（1）加强老年人休闲体育政策引导

解放老年人固有的思想，更新其观念，鼓励老年人保持健康积极的心态并多参加休闲体育活动，引导老年人开展科学有效的休闲健身活动，让老年人明白参加休闲体育运动可以强身健体，还可以丰富文化生活、愉悦身心。反复研究并制定适合老年人的休闲体育政策，用更多的文件政策多加引导，注重休闲体育对老年人的积极影响，促使老年人参与休闲体育的现象全国化。

（2）以社区组织为基石，加大老年人休闲体育运动宣传力度

政府及有关部门应当加大对老年人休闲体育运动方面的宣传力度，运用新兴媒体与传统媒体相结合的方式，加强老年人对休闲体育运动项目、运动手段的了解，树立全民健身和全面发展观念，以及普及和宣传老年人进行休闲体育运动时安全方面的知识；并且政府及有关部门应多组织一些有关老年人休闲体育运动的健康教育讲座和教育活动等，让更多的老年人懂得如何去健康、有效地进行休闲体育运动，从而使老年人能够进一步促进自身健康，从而树立全民健身理念，并进一步推动全民健身计划的实施。

（3）打破老年人休闲体育运动限制

在老年人休闲体育运动限制方面，应加强老年人休闲体育设施建设，增加

更多社区老年活动中心、社区老年大学学习点、全人群体育健身公园、健身步道等,加快形成以小区为中心的健身圈。政府应重点建设一些方便老百姓的活动中心,在县级以上的综合性体育场馆应设有老年体育活动中心或老年人健身设施。乡镇或街道的文化综合站应增加老年人健身设施和场地。免费开放的休闲体育场馆应对老年人开放,同时延长开放时间。引导和支持各级体育协会加强自身建设的同时多与老年体协合作,实现体育组织或老年体协有组织、人员、场地和资金,建立健全老年人健身咨询管理服务网络。

(4)进一步完善社会公共服务和社会保障体系

政府部门要进一步加强对老年人关于体育知识的普及、休闲体育运动知识的普及、健康有效参与休闲体育运动知识的普及。对医疗卫生等公共服务方面的政策和法规进一步完善,从而能够满足老年人在日常生活和参与休闲体育运动等不同方面的需求。还需要进一步加强对交通体系的完善,满足老年人的日常出行需求,使老年人能够更便捷地参与到休闲体育运动中去。加强对社会福利、社会保险、社会救助、社会优抚和安置等不同性质、作用和形式的社会保障体系建设,也能提高老年人对生活的满足感和幸福感。

除了基本的保障体系外,政府、各个社区和不同组织也应当积极调动老年人参与休闲体育运动的积极性,开展不同项目的老年人休闲体育运动趣味比赛等。这不但充实了老年人的日常生活,而且也能号召更多的老年人参与到休闲体育运动中来。

2. 社会方面

(1)开发具有地域特色的休闲体育活动项目

不同地域具有鲜明特点与特色的历史与文化,大力开发具有地域特点的体育活动成为政府以及有关部门的重点,能够更加有效地吸引老年人参与到休闲体育运动当中,提高老年人的协调性、柔韧性,提高老年人对自身的控制能力。同时也能促进老年人在进行休闲体育运动时开展社交活动,消除老年人的空虚感,进而全面提高老年人的身心健康水平。

(2)开发休闲体育产业,满足老年人日益增长的精神需要

我国休闲体育运动整体发展水平相较于国外休闲体育运动有待提升,大力开发休闲体育产业不但可以满足老年人对于休闲体育运动的需要,而且还可以加快经济发展速度,并且能够促进第三产业的发展,进而解决一部分市民的就业问题。政府和相关部门应该鼓励并支持休闲体育运动产业的发展,尽可能地给予一定的政策扶持,加快休闲体育运动产业的发展。

（3）增强老年人休闲体育运动体验感

政府和社会机构应组织和开展丰富的老年人休闲体育活动，继续推广适合老年人的休闲体育活动，如广场舞、休闲时尚球类、健身气功、太极拳、钓鱼等，加强专业性、心理开导性强的老年社会体育指导员队伍建设及培训工作。另一方面，政府与其他组织相互配合，加大宣传力度，形成参与度高、普及面广、影响力大、带动力强的老年休闲体育活动，创办新的老年休闲体育示范活动，使广大老年朋友均有机会参加，营造愉悦的休闲氛围，增加老年人参与活动的愉快感。

第二节 不同性别群体的休闲体育运动

一、不同性别群体的休闲生活特点

（一）休闲时间多少不同

角色限制是行为主体在当下所处环境中拥有不同身份所带来的限制。人在社会关系中的地位规定了人的社会行为，规定了每个人要塑造不同的角色，拥有不同的角色任务。

为了充当"主外"的角色，在休闲时间里一般男性比女性更喜欢从事一些工作外有收入的活动，如炒股票、经商、办培训班等，即使是在与朋友聚会闲聊时也不忘捕获与商机有关的任何信息。

女性在社会中学会扮演各种角色，而这些角色使她们在不同的情景中以适当的行为方式与他人进行生活联系。因此，社会分工赋予女性的角色决定了女性社会活动空间的范围较小。首先是自我角色，个体作为社会中的一员，先成为自我角色。自我角色带来的限制包括自身心理限制和身体状况。心理限制主要包括惰性心理引导或出现敏感心理，身体状况包括运动技能较弱、身体健康状况。其次是家庭角色，职业女性在完成社会劳动的同时也肩负着家庭的任务，生育孩子、照顾老人等家庭任务通常会占据女性的业余时间，而时间不足是制约女性参与休闲活动的常见因素。最后是社会角色。职业女性从事社会劳动，特别是职业女性会面对较大的工作压力，处于专业技术岗位的女性存在教学和科研两大任务，社会的激烈竞争使其必须在工作中投入更多的精力。

（二）休闲活动项目不同

男人在下棋、打牌、玩游戏、看录像和影碟、养花鸟鱼虫等方面花费的时间比女人多。总体来说，男人们的休闲娱乐方式主要是"玩儿"。而在逛街购物方面，女人比男人花费的时间更多。从逛街和购物两方面来看，女性的休闲时间比例较高，反映出女性对休闲活动的特殊心理偏好。因此，在现实生活中，女性的休闲娱乐活动充满了商业色彩，她们被一种专为女性消费而打造的社交氛围所包围，她们的休闲活动为商家带来了商机。

（三）社会交往方式不同

在社交活动中，男人使用聚会、聚餐等社交活动的次数多于女人，并且女性的社交活动更少。尽管男女双方都有更多的时间与配偶、家人及亲属一起消遣，但是，女性更多地会选择这三类对象，而男性更多是与生意伙伴、同事、朋友一起消遣。一般来说，男人在结婚后都不会失去自己的交际圈，而女人则会在婚后，特别是有了孩子之后就会退出这个圈子。另外，在电话交谈中，女人比男人花更多的时间。

当前，我国大部分职业女性的生活以家庭为中心，亲戚是家庭关系的扩展，邻里是家庭的延伸。当然，这并不是绝对的，因为随着女性社会地位的提高，她们的社交方式也在不断地改变，她们的社会关系也越来越复杂。

二、不同性别群体的休闲体育运动特点

体育是一种最健康、最文明、最积极的休闲方式，它已被越来越多的人所接受。经济、社会的发展使人们在休闲体育运动方面有了更多的表现形式，有更多的娱乐活动。但是，由于男女群体的角色和社会地位不同，其自身的社会性别预期、行为准则和生理心理需求也会随之发生变化，因而在休闲体育运动的内容和方法上也会出现一些差异。

（一）体育运动参与权不平等

两性不平等的问题表现在社会的诸多方面，尤其在体育领域表现十分明显。体育本身就是关注"身体"的，关注个人的生理特点、身体机能、健康状态等。体育成为研究身体与社会的桥梁，而性别的不同则导致了体育领域内被区别对待，从而表达出不同的性别权利关系。也正因为如此，在体育领域内性别不平等

问题突出，从生理结构的不同到承担的社会任务及构建的性别文化都不相同。从一定程度上可以说，体育是一种性别特征明显的活动。体育领域内的性别不平等也关系到社会各个领域中的两性不平等。尽管通过体育的发展以及女性文化的重构，许多不平等现象已经在逐步消失，但仍然有许多不平等问题存在。从人数上来看，无论是体育工作者还是体育参与者或体育相关工作人员，女性都少于男性。而体育相关的媒介事件也偏向男性。总而言之，两性的不平等在体育领域内表现明显，也是两性社会权利不平等的表现。而在社会长期的发展中形成的社会性别文化根深蒂固，这使女性平等参与体育的权利受到限制。

但抛开这些固有的性别制度，体育应该关注身体本身，从科学的角度去研究两性身体的异同，树立正确的运动观，依据个人的喜好或身体特点的不同选择适合不同人的运动项目，而不是将运动风格和性别文化重叠。体育面对的是进入或参与该领域的个人，而不是男性或女性。参与体育应该是每个人的权利和自由。近年来，随着经济的不断发展和社会的不断开放，两性平等的问题逐渐被缓解或解决，越来越多的女性走出家庭、进入职场、参与社会劳动，并进行休闲体育锻炼，使体育运动变为女性发展自身的有力工具，帮助女性缓解身体焦虑、塑造形态、建立新的社交关系等。

女性体育的发展是促进两性平等的关键一步，是人类文明进步的体现，是体育事业蓬勃发展的重要部分，也是社会发展的重要动力。在体育这个性别差异特征突出的领域，女性的体育地位不断上升，能够充分体现女性的身体从性别文化的束缚中得以解放。体育活动虽是两性矛盾冲突较多的地方，但也是解决问题的有效载体。近年来，越来越多的女性参与到体育中来，不管是奥运会赛场上的女性面孔，还是休闲广场中的健身女性，参与体育已经成为女性社会活动的主要内容之一。职业女性的经济较为独立，也有可支配的余暇时间，有着更高的精神追求，她们参与休闲体育的意识不断增强，并逐步成为一种生活方式。女性参与体育的行为使她们更加关注身体，增强自主意识，为女性主义思想的发展提供了广阔空间。

体育活动中越来越多的女性面孔打破了固有的社会性别秩序，对于两性不平等观念既是一种抵制，也是重构性别文化的开端。参与或从事体育活动增加了女性的社会活动，提高了女性在公共空间的活跃度，使女性有了更多的平台展示自我，争取到了更多为女性同胞发声的机会。而女性参与体育除了对自身有利、争取到更多两性平等的权利之外，女性体育还为整个社会做出了贡献。女性维系着一个家庭的和谐，是促进家庭情感交流的桥梁，影响着家庭的生活方式。女性参与体育对于家庭体育的发展有重要的影响，并且增进了家庭之间的和睦情感。整体来看，女性在整个社会的情感联系中扮演着重要的角色，维系了各个家庭内部及家庭与家庭之间的融洽和睦关系。女性在参与体育的过程中走出家庭，扩大了活动空间，一定程度上从家庭到社区再到社会的关系建立及维护上维持了一定的稳定局面。女性地位的上升也体现着一个国家的文明程度，女性体育的发展有利于我国的性别平等，而性别平等程度又是衡量一个国家进步水平的标准。因此，女性体育的发展使整个社会和国家受益。女性社会话语权的提高，不仅仅使女性的地位提高，也是通过重视女性使整个社会朝着多元方向发展，回归"以人为本"的理念，更加关注个人需求，而不是以原有的性别文化阻碍两性平等发展。

（二）对休闲体育本质的理解不同

休闲体育锻炼已经成为全民运动的主要健身途径，成为满足大众健身、娱乐、社交、发展自我等多种需求的手段。

有些男性，尤其是那些成功人士，他们在从事运动和娱乐活动时往往不注重运动的成效，反而更注重参加运动的团体组成，注重挑选与自己职业、身份、年龄、兴趣爱好相同的人群，形成一个比较稳定的休闲运动团体。其目标是以运动休闲为主要途径，一方面是为了放松自己，另一方面是为了拓展社交圈、沟通人际关系、加强情感交流。而女性对休闲运动团体的形成与否却不甚关心，以健康与娱乐为主题，以运动休闲为导向，体验健康，锻炼体型，使身心愉悦。现在的社会，女人的标准是"传统的女性美德＋苗条＋性感"，所以来健身中心里大部分是女性，她们的话题永远都离不开健康、美丽，而保持年轻的外表和姣好的身材更是成为城市女性的话题。

职业女性这一群体在当今这个发展迅速且物质生活和生活环境变化快速的社会中，她们一方面享受着在快速变化过程中为生活带来更多的便利，另一方面要面临来自家庭和工作等方面的压力。职业女性这一典型群体的文化程度较高，会对自己身体的健康状况以及在自我发展中有更高的追求。因此，她们会通过参与各种休闲体育项目来达到健身、娱乐、社交、自我塑造等多重目的，会根据自己的余暇时间、身体状况、个人喜好等因素选择各种休闲体育项目。职业女性在参与休闲体育项目的过程中强身健体、塑形减肥，同时也能释放压力、娱乐身心、缓解情绪。处于青年前期的人群多注重身材外形，希望通过运动来减脂塑形，保持良好的身材。而青年后期的女性则更偏向于强身健体，希望通过参与休闲体育运动促进身心健康、预防疾病。该群体同样面临着巨大的工作和家庭压力，因此，她们多选择通过运动来释放压力、减轻身心负担。

除此以外，该群体还渴望通过体育运动来促进个人的社交关系，或利用业余时间发展体育技能、休闲娱乐，追求时尚的运动潮流甚至是提升自我，在体育运动中寻找自身价值，追求心理满足感和幸福感；同时保持积极向上的生活态度，增强自信，得到更好的自我发展。因此，职业女性的锻炼目的和动机呈多元特征。而这些多元化的参与动机也为女性在体育消费市场中开辟了女性专属空间，使"她经济"在体育领域内颇有贡献。

很多女性把参与休闲体育运动逐渐变成了生活的一部分，成为女性科学发展自身的方式。这无论是从休闲体育多元发展的角度还是从女性解放自身的角度来说都是良性的，可切实满足部分女性群体的需求。

（三）对观赏性体育的喜好程度不同

观赏性体育，是指将自己置于一个特定的体育环境中，主要是通过视觉和心理的体验体会运动带来的紧张与激烈，以及观看体育电视转播、观看体育比赛、表演等。由于社会对男子的角色要求，男人比女人更关心最近的国内外体育新闻，他们从电视、报纸、网络等各种大众传媒渠道全面了解和收集体育新闻，与朋友、同事谈论的话题不可避免地涉及最近的体育新闻。

从间接观看体育比赛所花费的时间来看，男人要比女人多得多。在球场上，男人的粉丝要比女人的粉丝多得多。来自世界各地的男性粉丝们也经常跨越海洋，成群结队地聚集在赛场上，为自己喜欢的球队呐喊助威，或者是去现场观看具有观赏性的体育赛事。奥运观光团、亚运助威团、世界杯观光团等构成了休闲体育旅游的独特风景线。

所谓的休闲娱乐活动，就是指没有体能训练的体育、游戏等娱乐活动。这些运动不以锻炼身体、增强体质为主要目标，甚至没有基础的运动方法，仅仅因为它有某种趣味性、娱乐性和竞争性而被纳入体育范畴。这种寓智于乐、培养思维和启发智慧的智力游戏正符合男性的个性特征：善于逻辑思考，善于与人斗智斗勇，"与其在身体上吃亏，不如在智力上吃亏"。因此，虽然一场比赛花了不少时间，但他们还是乐此不疲。而女性对于太过劳心劳力的活动往往没有耐心，难怪现在全国的象棋、围棋俱乐部都被男人"统治"了。

（四）选择休闲体育的内容不同

不同性别群体结构限制主要受外部环境的影响。个体所处的环境差异导致女性比男性拥有的社会空间小，结构限制较多，而女性群体内部差异也导致女性内部不同层次群体受社会结构限制的程度不同。其中一个重要的结构限制是经济限制。社会资源分配总是偏向于男性，劳动力市场中女性和男性的收入不平衡。这就导致了女性拥有的经济空间较为狭小、消费水平较低，女性会选择花费较低、地点较为灵活的体育项目，进而限制了女性的空间拓展。另一个结构限制来自体育本身，社会文化在体育领域内所构建的制度对女性来说依然苛刻。虽有全民健身、发展女性体育等的政策支持，但实际上大多数的女性依然不能像男性一样活跃在公共体育场所，在公共体育空间内不平等。此外，还有一些如天气、交通、设施等因素的结构限制，这对于处于狭小社会空间的女性来说制约程度会更高。

散步、跑步、打球、游泳是最普遍的休闲运动项目。在运动休闲的时间上，常常形成两个主要的运动休闲高峰；在运动空间上，主要以居住区域为中心。这是休闲体育运动中的男性和女性群体所具有的共同特点。但是，作为文化标识的社会性别，其影响的不仅仅是男性和女性的休闲活动，也会直接影响他们对娱乐项目的选择。男女之间的生理、心理特点的差异，造成了不同性别人群所喜欢的运动形式和运动内容不同，从而使其在休闲活动的内容和形式上呈现出明显的个性特点。

男性肌肉发达，骨骼粗壮，意志坚强，为了彰显自己的性格、展示自己的男性魅力、丰富自己的人生经历，他们更偏爱身体上的碰撞、集体对抗、竞技运动和冒险，尤其偏爱追求既刺激又新颖时尚的新兴休闲体育项目，如足球、篮球、散打、拳击、登山、攀岩、野营、徒步穿越、驾车旅行、赛车、极限自行车、轮滑、高山滑雪、滑冰、滑索、潜水、冲浪、滑水、赛艇、漂流、溪降、溯溪、悬崖跳水、空中滑翔、跳伞、热气球等。

体型上女性的肩部较窄，上身较长，下肢相对较短，骨盆较大。这种体型使女性的身体重心较低、平衡性强、皮下脂肪较厚，但骨骼和肌肉的发育较差。女性的韧带、关节囊的弹性较强，腰部及其他一些部位关节的活动范围较大。但女性的胸腔、肺和心脏的容积较小，因此，肺通气功能和换气功能较差。女性的生理特征由于具有平衡性强、韧带弹性好的特点，适合选择一些符合自身生理特征、协调性强的休闲体育项目。另外，由于女性的骨骼和肌肉承受力较差，胸腔及心脏的容积比男性小，宜多选择一些对力量和耐力素质要求不高、运动量较小的休闲体育项目。

从女性的心理特点出发可以看出，人类的各种心理现象是千姿百态的，它们之间的关系是非常复杂的。概括起来，可以划分为总体上的心理历程和个体的心理特性，认知、情感、意志是三个基本的心理过程。在认知的心理过程中，女人多是感性的，多是表面化的；在感情的心理过程中，女性多是温和的、均衡的；在意志的心理过程中，女性多是脆弱的。

因此，女性可以选择轻盈、轻松、不需要太多人参加的运动。比如，踢毽子、跳绳等女子喜欢的运动项目，以及较小的球类运动如板羽球、羽毛球、地滚球等。散步、慢跑、退步走是一种很有效的锻炼方式。

与女性相比，男性参与的休闲体育运动范围更广，可选择的休闲运动种类也更多。其中，足球、拳击、散打、跆拳道、极限运动、探险运动、围棋、垂钓、高尔夫等运动都是比较阳刚的运动，而健美操、健身操、体育舞蹈、踢毽子、跳绳、荡秋千、扭秧歌等是比较阴柔的运动。因此，相比较而言，男性在娱乐方式和活动内容上，在个人偏好和可选择的娱乐项目上的选择范围要比女性大得多。

第三节 不同社会阶层的休闲体育运动

一、社会阶层的概念及分类

社会阶层作为一种普遍的社会分类，一直以来是经济学和社会学领域的重点关注对象。近年来，心理学学者也开始关注对社会阶层的研究。社会阶层具有一些固定的客观表征，深刻影响着所属社会阶层行为者的心理图式与行为表征。有心理学家认为社会阶层与对应的心理行为模型是相互作用的关系。也就是说，不同阶层个体之间的固化既体现一种社会学差异，又体现一种心理和行为的固化。这种心理学上的差异不仅对人们所处的社会阶层行为模式有影响，而且也可能影响他人对不同社会阶层行为者的反应模式。在社会阶层心理相关理论和实证研究成果的支持下，社会阶层心理学成功被分化为一个独立的研究领域。

社会阶层是一个复杂的概念，它指的是由于经济、政治等多种原因形成的，在社会层次结构中处于不同位置的群体，这些群体之间存在着客观的社会资源（收入、教育和职业）的差异，以及感知到由此造成的社会地位的差异。社会阶层的操作性定义由此而来，最初的操作性定义只关注家庭收入的经济地位。后来，有研究者用个体的受教育程度来代表社会阶层。再后来，研究者同时使用以上三种指标来判断个体的社会阶层。此后的研究多将收入、教育和职业这三个客观指标作为客观的指标。随着研究的深入，有研究者开始对单纯的客观操纵的效果产生了质疑。还有研究者认为除了常用的社会资源的指标，结合人们对自身社会阶层的自我评价或许更能说明一些问题。与此观点相对应的是克里斯蒂等人的定义，他们将社会阶层作为一种个体基于其资源和声望对其相对位置的主观感知。

从上述内容可以看出，目前关于社会阶层的界定暂未达成统一意见。但是，社会阶层的概念包括客观社会阶层和主观社会阶层两个层面这一点是可以确定的。具体而言，个体拥有的社会资源被当作客观社会阶层的主心轴，将人们的经济、工作和学历等视为其社会等级的客观表现。个体对自身社会位置的感知可视为主观社会阶层的轴心，通过社会性对比的活动，人们获得其置身于群体中的独特地位。

在传统的熟人社会中，人与人之间的互动以面对面交流为主。通过频繁交往，人们相互了解彼此的社会背景和行为习惯，从而调整自己的人际相处模式。而今天的我们生活在信息快速变化的时代，常常需要过滤再加工海量的信息，特别是在网络世界与熟人或陌生人进行线上互动时，我们需要调动有限的认知资源进行人际反馈。社会阶层信号便可以为人际交往提供一种快捷的自动信息加工系统，这不仅节省了个体的认知资源，而且保障了高效的沟通效果。

社会阶层信号，指的是人们能够感知和推断他人社会等级的所有依据和线索。除了从宏观的社会资源（收入、教育和职业）层面进行阶层判断之外，日常生活中存在着许多微妙却直观的社会阶层信号。不同社会阶层的成员对自身群体的特征十分敏感，这种群体相似性使得人们潜移默化地按照自己所在阶层的行为习惯模式行事。不同阶层人们的身份认同体现在衣食住行、所说所做、外貌、兴趣等方面，这些直观的信息便构成了阶层的信号。例如，有研究者认为服装的材料质地和服装的品牌具有社会阶层的"易读性"，也有研究者认为面部特征与个人财富状况存在关联——生活富足幸福的人自信、嘴角容易上扬，面部特征给人一种"富态"的感觉；而生活艰苦不幸的人焦虑和压力常伴左右，面部肌肉向下，给人一种此人"不幸"的感觉。

因此，不同社会阶层成员的行为习惯等构成了该阶层固有特点，尤其是处在上流社会的人，他们喜欢利用这些特征进行社会分类来突显自己的社会等级。在不断的日积月累中，人们便通过社会学习习得了这些代表社会阶层的信号。换句话说，通过自动化地加工人际互动中的信号，个体的社会阶层可以被快速地推断出来。总而言之，个体可以根据一些代表社会阶层的信息觉察到与之交谈的对象在社会中所处的位置，从而指导自己的认知判断和行为决策。

二、不同社会阶层的休闲体育运动差异

各阶层在选择休闲体育运动项目上有一些相同点，但是又因为职务、社会地位、经济收入和学历的不同而呈现出一定的差异性。

（一）不同阶层休闲体育运动方式的共同点

①人们在休闲娱乐上花费的时间随着人们生活水平的提升而逐渐增多，随着我国社会经济的不断发展以及人们生活质量的不断提升，各阶层人们在休闲娱乐上花费的时间逐年增多，休闲娱乐在休息时间上占据的比重越来越大，休闲体育运动已经是人们的首选休闲方式。

②人们对体育功能的认识不再局限于锻炼身体而是逐渐变得丰富。当今人们在进行体育活动的时候已经不仅要求体育可以锻炼身体，更多的是要求体育活动能够在其他方面也发挥出作用，这表明随着生活质量的不断提升，各阶层人们对体育的要求将会不断增多，体育活动也将变得多样化。

③消耗在其他活动上的时间比较多，休闲体育意识还需要加强。

（二）不同阶层休闲体育运动方式的不同点

①国家和社会管理者阶层在休息时间进行体育活动不仅是为了锻炼身体，还是为了释放压力，在参加活动的过程中对于休闲体育设施以及环境的要求比较高。

②经理人员阶层参加体育活动的目的不仅在于锻炼身体、释放压力，更多的是为了展现自己、完善自身、传播企业文化、突显其社会影响力。所以，他们经常采用参加体育活动的方式与他人建立起良好的关系，特别是当他们的合作伙伴偏爱某种体育活动时，他们往往会投其所好，在共同参与的过程中洽谈商务。

③专业技术人员以及办事员在当今社会的中等阶层中占据了很大的比重，在选择体育活动的时候，由于其工作压力过大，长期处于紧张状态，他们往往会选择一些有养生作用的活动，主要目的在于维持自己的身体健康。

④产业工人阶层的社会地位、经济收入、时间结构以及思想观念等基本相同，因为他们主要从事的是体力劳动，工作时间比较长，身体上的压力比较大。

他们在空余时间参加活动的主要目的是娱乐、放松心情，所以，一般会选择一些免费的场所，到公园、广场、街边等一些公共场所跑步、打球、跳舞等，这些娱乐性比较强的活动是他们的首要选择。

三、不同社会阶层的休闲体育运动指导

针对不同社会阶层的群体参与休闲体育运动，要通过积极的宣传引导其开展不同的体育活动，一方面增强不同社会阶层群体的体育意识，倡导"终身体育"的理念，让休闲体育运动成为人们生活的一部分；另一方面加强各个阶层的社会群体在休闲体育领域的联系，加大对体育运动设施和项目的资金投入，为我国不同社会阶层群体参与休闲体育提供良好的物质基础。另外还要落实社会体育指导工作，培养专门的体育服务人员，为不同社会阶层群体参与休闲体育运动提供科学、合理的指导和服务。

（一）高收入、高学历、高级别职业社会阶层休闲体育运动的开展对策

1. 吸引更多个体参与休闲体育

以高收入、高学历、高级别职业为代表的社会阶层占有较多的社会资源及体育资源，是目前促进我国社会繁荣、经济发展的主力军，同时也是我国体育事业发展的主要推动力量。他们参与休闲体育的动机、行为的取向以及所持的休闲体育价值观念、消费态度都将对体育事业的发展产生深远的影响。这类人群参与休闲体育与其余社会阶层相比，具有较高的参与比例。

但是，就其体育人口发展的整体规模和占有较多的社会资源和体育资源而言，这一社会阶层的体育人口应该更多。他们的体育运动不仅可增强自身的健康、形成良好的生活方式，而且对于整个社会塑造良好的体育健身形象起到榜样和示范的作用。所以应加强对这个社会阶层群体休闲体育的引导，加大休闲体育的宣传力度，使其充分意识到参与体育锻炼的益处及必要性，吸引更多的个体参与到休闲体育活动中来。

2. 积极建立与其发展相适应的社会体育组织

社会体育组织是社会发展过程中人们为满足自身的体育需要、实现某种体育目标而形成的"群体集团"。在参加各种体育组织的群体中，一般相近社会阶

层的群体选择在同一体育组织或体育俱乐部进行活动的较多。特别是那些消费水平较高的体育项目组织中，如高尔夫球俱乐部、网球俱乐部、游泳、保龄球俱乐部中，大多是这个阶层的群体参与。伴随着经济的不断发展，这个阶层的体育人口必然不断向上层流动，因而应该积极建立与社会阶层发展相适应的社会体育组织。该措施将不断扩展我国休闲体育发展的空间，对我国休闲体育人群的扩充起到积极的促进作用。

（二）中间阶层休闲体育运动的开展对策

自改革开放以来，社会经济增长迅速，社会模式发生变革，社会阶层发生改变，从工人、农民和知识分子阶层慢慢地转变为多元化的阶层群体。随着时代的不断变迁，由于受经济、权利、资源等一系列因素的影响，人们的阶级细分必然会愈加清晰。再加上社会结构的调整、社会发展模式的差异性，阶层划分也体现出多元化和新型化的特点。

党的十九大提出，到2020年全面建成小康社会，中间阶层群体也越来越庞大，对社会经济、政治、文化的发展起到积极的促进作用。这一群体也是社会稳定发展的重要支撑力量。

对社会阶层的划分，学术界迄今为止并没有形成统一的衡量标准和明确的概念界定，但是学者们对于社会阶层的细分和中间阶层的概念进行了全面探讨。有学者指出，这一群体是以从事脑力劳动为根本，依赖薪水度日，具备获得一份高薪工作的实力，且家庭消费水平较高，拥有充裕的休闲时间，能够较好地分配工作，拥有清晰的国民公德观念，具备一定的文化修养的人。也有学者认为，这一群体也可以称作"中间阶级"，即生活质量、经济地位等处在中等层级的一类人。当然其对一些概念的界定是相对而言的，中间阶级是将社会分层按照高低层次进行划分的，即与中间阶层相对应的其他阶层为上层社会与下层社会，并且认为构成中间阶层的人为传统干部和高级知识分子阶层、中国大城市正在出现的新型的"新中等收入阶级"，营利稳定的国营单位、股份制公司的员工层与其他经营状况良好的单位、企业的员工层及大多数个体、私营企业主等。另外，还有学者认为，根据不同的研究需要，要对中间阶层进行不同的定义，即在社会学方面，中间阶层是处在中间位置的人；在经济学方面，中间阶层是拥有中等收入的人。

各位专家和学者在对中间阶层进行界定时选择的指标不同、方法不同，导致概念界定的结果不同。虽然他们在对中间阶层的界定上有一些分歧，但是他们有一些共同点，比如说他们认为中间阶层是受过高等教育、收入分配均衡、生活质量良好和有一定社会地位的各类社会人士。

我国社会经济发展到一定阶段之后，中间阶层群体的规模已然扩大，甚至成为支撑中国社会经济稳健发展的核心力量。中间阶层覆盖面非常广，如医生、教师、律师、中小企业主等。他们是在社会发展形态中达到小康及小康以上水平且具有一定社会地位的群体，他们具有一定的自我生活形态，注重生活质量与生活满意程度，能对其他社会群体提高休闲体育消费水平起到积极的引领作用。

1. 政府层面

（1）休闲体育相关法律、政策的制定和完善

政府部门制定的休闲体育相关法律会促进休闲体育服务供给，对人们参与休闲体育运动有最直接的影响。政府可以制定和完善体育场地保护政策、体育产业扶持政策及设立体育活动日等，促进人们参与休闲体育运动，树立"大健康""大体育"理念。休闲体育政策包含打造自主IP体育赛事、升级改造体育场馆、构建智能健身社区、建设体育产业聚集区、打造体育特色小镇、建立体育共享服务平台、促进相关产业融合发展、加强全民健身指导服务、发展体育产业集团，使休闲体育产业战略目标、政策规划、重点项目落地等相协调，构建休闲体育消费服务平台，推广休闲体育活动，使人们知道休闲体育具有娱乐身心、强身健体的重要意义。

（2）倡导参与休闲体育活动

休闲体育是一种具有丰富人民群众业余生活功能的活动，也是一种具有社会意义的社会性文化。目前，一些中产阶层对休闲体育运动的认知还停留在表层，对其认识还不够深入。人们对休闲体育运动缺乏足够的了解会妨碍他们参加休闲体育运动，从而影响他们的消费。我们需要多渠道、全方位地进行休闲体育运动宣传，以提高大众对休闲体育运动的兴趣，促进休闲体育消费。要引导大众认识到休闲体育的价值，树立科学、合理的休闲体育消费理念。政府机关及有关机构可举办一些休闲体育活动以引起大众对休闲体育运动的重视，促使大众积极参加休闲体育运动，进而推动休闲体育运动消费。

（3）优化交通，增强区域交流

大多数中产阶层的人都会选择自己的交通工具，也会选择家附近的运动和娱乐场所。由于城市交通拥堵，许多人都会有不参加运动和娱乐的想法。现代都市的交通设施较为完善，需要交通部门对其进行科学的监控与管理。城市的交通规划直接影响着人们对休闲体育运动的选择，而便捷、快速的交通可以让人们节省

更多的闲暇时光,更乐于参加运动和娱乐。

(4)加大政府部门监察力度,规范市场

政府部门要加大对休闲体育产业的监管力度,加强政策扶持和资金投入,规范市场,避免出现恶意竞争现象。对休闲体育产业提供资金支持,减少税收,降低休闲体育产业的运营成本,使其可以将更多的资金运用到项目创新和优化服务上。将供给侧结构性改革放在首要位置,转变发展理念,拓宽发展路径,进行招商引资。评选高质量的休闲体育产业并对其进行表彰,鼓励其不断提高休闲体育产品的质量和服务水平;评选最受大众喜爱的休闲体育项目并重点帮扶,发展成区域特色休闲体育项目。

(5)打造休闲体育小镇,促进休闲体育旅游发展

政府应充分发挥其地理位置的优势,深入挖掘开发体育休闲旅游资源,并在不损害自然环境的情况下开发休闲体育旅游景点。针对当地的民俗、地形特点,建设具有特色的体育休闲小镇,比如依托区域优势建设特色旅游小镇,依托历史发展优势建设体育文化小镇,开发新场地建设高尔夫球特色小镇等,将旅游发展与体育经济产业相结合。

2. 社会层面

(1)发挥体育组织作用,培养休闲体育活动习惯

人们越来越注重闲暇生活的生活质量,更加追求精神层面得到满足,休闲体育运动不仅具有娱乐性,而且还能使人们的身心获得愉悦体验。社会体育组织可以组织发放休闲体育运动体验券,也可以采取限时开放休闲体育场馆等多种措施,让群众参与休闲体育运动,激发人们对休闲体育运动的兴趣,使人们养成参与休闲体育运动的习惯,促进休闲体育消费。

(2)增加社会体育指导员,科学进行休闲体育活动

中间阶层人士缺乏休闲体育知识和技能也是制约他们进行休闲体育消费的原因之一。由于休闲体育知识和技能的缺乏限制了其对休闲体育活动的参与,这就需要专门对人们进行休闲体育知识讲解和技能培训的专业人士,即社会体育指导员。社会体育指导员是引领人们参与休闲体育运动的前沿人员,他们能更好地教给人们休闲体育知识和技能,从而唤起人们对休闲体育运动的兴趣。但目前社会体育指导员福利待遇低,很多从事社会指导员工作的是一些兼职人员,不能专职指导人们进行休闲体育活动。社会体育组织可以提高社会体育指导员的福利待遇,培育专门的休闲体育社会指导员。

（3）依托媒介优势，转变休闲体育观念

在这个大数据时代，人们的生活已经离不开网络，互联网的普及、应用丰富了人们的生活，社会组织可以借用互联网这个载体，将休闲体育思想传送到人们的物质文化生活和精神文化生活中去。大数据时代具有信息整合能力强、信息资源完善、信息更新速度快等特点，使用大众传播媒介宣传休闲体育运动能更加吸引人们对休闲体育运动的注意力，提高人们对休闲体育运动的接受程度，进而拉近了休闲体育运动与中间阶层人士的距离。

3. 市场层面

（1）创新休闲体育消费产品，丰富休闲体育市场

中间阶层人士在休闲体育消费结构上以实物型消费为主，消费结构比较单一，所以要加强对参与型休闲体育消费产品和观赏型休闲体育消费产品的开发，根据中间阶层对休闲体育消费产品的需求、结合区域特色创新休闲体育产品。目前市场上的休闲体育产品大同小异，缺乏针对不同人群特点的消费品。例如，女性比较注重形体塑造，可以增加市场供给，开设不同种类的课程，像瑜伽课、有氧操课等。年老的中间阶层人士更注重健康，可以设计具有保健性的休闲体育产品。休闲体育消费已经成了中间阶层人士人际交往的重要方式，其交际功能日益显著，要把握好这个有利因素，设计出满足人们偏好的具有个性化特点的休闲体育产品。同时引进市场竞争机制，在创新休闲体育产品的过程中深入了解中间阶层对休闲体育消费的需求，挖掘休闲体育市场的潜力，整合市场中的优势和劣势，创造出质量好、能满足人们需求的产品。

（2）改善消费环境，提高休闲体育市场服务水平

有些体育场馆的体育设施相对单一，除部分体育场馆有乒乓球台、轮滑场、游泳池等体育设施外，大多数体育场馆只有篮球场、排球场，而一些发达国家的体育场馆会有网球场、保龄球场、多功能体育中心等。在休闲体育服务方面，应提高服务质量、加强服务供给，及时解答顾客的提问，使群众既能愉悦身心，又能强身健体。

（3）依托市场科技成果，创新休闲体育消费模式

目前，市场上提供的休闲体育产品和服务缺少一定的针对性和有效性，人们可以利用高新科技成果对休闲体育产品进行升级和创新。随着科学技术的发展，各种智能产品和手机软件的兴起为人们参与休闲体育运动提供了更加便捷的途径。要善于利用市场科技的发展成果，更新休闲体育消费的经营模式和经营理念，满足经济社会发展背景下人们的休闲体育消费需求。

近年来，大部分人都偏爱佩戴各种智能设备，一些便携式测量仪器不仅能提供人们参与休闲体育运动产生的一些基本数据，更能带动人们进行休闲体育消费。中间阶层人士有很大的休闲体育消费热情，要运用科学技术手段发展休闲体育服务。科学技术的发展使各种智能设备被普及，为参与休闲体育运动的人们提供科学监控，制订合理的活动方案，引领人们参与休闲体育消费，实现休闲体育消费的可持续发展。

（三）弱势群体休闲体育运动的开展对策

以体力劳动工人、临时工、农民及半失业群体为代表的社会阶层群体在社会资本的占有量上为弱势群体，其经济、文化资源较为贫乏，少于上述两个阶层。按照研究员陆学艺的研究成果推测，在我国，这个社会阶层的总体规模将进一步缩小，因而对于这个阶层，体育文化主管部门及相关团体、组织需要做到积极引导。这并非对这个阶层群体参与休闲体育的忽视，而是要引导其逐渐走上参与休闲体育的道路，从参与意识层面消除其对休闲体育的认识偏差，使其了解休闲体育所带来的好处，并为以后可能的阶层流动做好参与休闲体育的准备。

第四章　户外运动与拓展训练的科学指导

户外运动与拓展训练是比较新颖的体育运动，其内容丰富、形式灵活，具有一定的挑战性、刺激性。本章分为户外运动概述、户外运动与拓展训练的模式、户外运动与拓展训练的安全原则、户外运动与拓展训练的安全保障四部分，主要包括户外运动的概念界定、户外运动与拓展训练模式的起源与发展、户外运动与拓展训练模式的发展策略、双重保护原则、多次复查原则、户外运动与拓展训练的安全保障现状、户外运动与拓展训练的安全保障措施等内容。

第一节　户外运动概述

一、户外运动的概念界定

对户外运动的概念进行界定，首先需要对其起源进行充分了解。起初是欧洲一些发达国家强烈热爱野外探险的人群自发性进行登山活动，之后演变为项目种类丰富的户外运动。登山运动被列为户外运动项目之一。国家体育总局登山运动管理中心对户外运动概念的解释是"在自然场地进行的一组集体运动项目群"。这一概念是从运动项目的角度进行阐述，可以理解为以自然环境为场地，开展具有挑战性的集体运动项目群。

从运动项目的角度出发，户外运动还有另外一种概念界定，即王莉等提到作为一种新出现的运动项目，与传统体育项目的区别主要在于使用的环境和场地：户外运动是在自然环境下利用天然的地理优势开展的体育运动。从这一观点中分析可以得出，学者提出了在自然条件下对户外运动进行定义，这对于形式、种类多样的户外运动来说具有一定的局限性。伴随着科技的创新和发展，部分户外运动项目逐步被引入室内，在室内模拟自然环境，为室内开展户外运动项目创造条件。所以将这一概念只限定在"自然条件下"显得陈旧,需要进行完善。

国外学者对户外运动的理解更加宽泛,认为在户外环境下开展的任何体育运动都可称为户外运动。18世纪末,英国便开始盛行传统的户外运动,也因此被冠以了"户外运动之乡"的美誉。英国爱丁堡国家户外运动协会曾提到:户外运动不同于其他运动项目,它具有独特的魅力,我们开展户外运动,号召大家一起来参加,是为了让更多人远离城市的嘈杂,感受到自然风景的美。在其他体育运动项目中,参与的人们更多的是获得了在激烈的竞争下取得成功或失败的体验感,这反而会增加精神的紧张;而我们号召大家参与户外运动是没有杂念的,能够在自然中放松自我。

在户外运动不断发展的过程中,户外运动所具有的教育属性被人们认识到,并开始逐步将户外运动引入校园,"户外运动"的概念开始被很多学者从教育的角度进行阐释。其中,操学诚等提到,户外运动是在自然环境中开展的,以户外运动的基本知识、技术和技能为教学内容,以培养学生参加户外运动所需的素质为教学目的,有计划、有组织实施的教育活动。李大春提到,户外运动是青少年以亲身实践为主要形式,即以定向越野、远足交友、野外生存能力训练、体能拓展训练及自然知识的学习与考察为主要内容,在自然环境下开展的青少年综合素质教育。从概念中可以解读出,户外运动不仅仅是一种体育运动,其自身具有一定的教育功能。学校及一些教育机构开展的户外活动也被称为教育活动,但是把户外运动看作一种教育活动只能体现户外运动内涵的一部分,户外运动的其他内涵和功能并不能展现。

国外户外运动应用于教育领域没有直接将其称为"户外运动",对"户外运动"进行了细分,其中包括"户外教育""冒险教育"等。持户外教育观点的代表人物有唐纳森(Donaldson),他认为开展户外教育的前提是一定要在户外条件下开展,以户外主题开展活动,在这一过程中达到教化人的目的。对于冒险教育,克里斯·霍奇森(Chris Hodgson)等提到,冒险教育是在类似荒野或自然环境中开展的,为了学习户外相关技能、提高参与者的身体机能及人际沟通能力的一种教育。从国外学者的研究来看,户外教育和冒险教育都将户外运动看作一种教育活动,不同的是冒险教育的开展环境是荒野或自然环境,而户外教育强调的是一切在户外开展的教育活动。

伴随着人们生活水平的提高,休闲旅游的意识不断增强,休闲旅游与户外体育的融合发展为户外运动开拓了新的发展思路。近几年,学术界对休闲旅游与户外运动的研究掀起了一股热潮。其中齐震提到,户外运动被用于休闲旅游中,其休闲娱乐功能正在被开发和利用,许多旅游胜地将独特的自然环境作为基础条件,将科技化的户外运动项目设备提供给游客,参与的游客能够在身处大自然的同时挑战并突破自我。这一概念从户外、休闲、娱乐、挑战的角度出发,强调了个体参与户外运动,通过进行自我挑战、自我超越,在满足自身的愉悦感的基础上,对个体与自然环境的融合是更深层次的体验。另外,杨汉等提到,户外运动是融挑战性、刺激性、健身性、观赏性和休闲性为一体的体育运动,同时也是一种新颖、健康、时尚的休闲生活方式。从这一概念中可以看出,其把户外运动作为一种娱乐休闲的生活方式,更加强调参与者参与户外运动的过程,注重参与者的身心体验。

国外的研究者从休闲旅游的角度研究户外运动,将其称为"户外游憩"。瑞安·普卢默(Ryan Plummer)提到,户外游憩是指在自然环境中,活动个体利用自由时间自愿参加、能够与自然环境互动的活动。由此可以解读出,国外学者对于户外游憩,看重的是在大自然中与自然环境的互动和个体的自由与放松。

由于不同学者所处的学科背景和视角的差异,其对户外活动的理解也不尽相同,因此,目前国内尚无一个比较精确、统一的界定。在整理了143份相关文献之后我们发现,在众多的定义中,普遍被接受的定义有以下几种。

第一,我国户外运动属于自下而上发展起来的体育项目,在发展初期主要是作为一项小众的探险项目在少数人中得以开展,所以该阶段大部分人是从探险的视角对户外运动进行解读。该视角的主要代表为国家体育总局下属部门——登山运动管理中心,其将户外运动定义为"一组以自然环境为场地(非专用)的、带有探险性质或体验探险的体育项目群"。

第二,随着21世纪休闲时代的来临和大众体育的兴起,户外运动的探险性质逐步被弱化,休闲视角下的户外运动逐渐进入学者视野,主要代表学者是李红艳、齐震等。他们将其看作是参与者为实现自身身体健康、娱乐放松、社交以及寻求冒险刺激等多方面的需要而选择的一种基于自然、融于环境、并与城市生活相对的一种生活方式。

第三,刘华荣、宋学岷等学者从户外运动的根本属性——体育运动的视角对其进行了阐释。宋学岷提出户外运动是一组体育运动项目群,其涵盖了户外教育、竞赛、探险等多领域的单个项目。刘华荣与宋学岷的观点既有一致性,又存在差异性,两位学者都赞同户外运动是一组体育运动项目群,但后者更强调户外运动参与者的多元动机,如寻求挑战与刺激、健身、社交、休闲娱乐等。

以上学者分别从探险、休闲、教育等角度出发阐述了自己对户外运动的理解,虽然出发点不同,但是从各学者界定的内容来看,他们之间存在着一定的共性,即对户外运动本质属性的认识是一样的,即户外运动具有体育运动的性质。也就是说,无论学者们从何种角度对户外运动进行界定,都只是在户外运动外延上产生不同的认识,而在户外运动本质的认定上并没有体现出差异,都强调户外运动是具有某种特性的体育运动项目。

需要指出的是,目前国内学界主要从体育、探险和休闲三种不同的视角对户外运动进行界定。

首先是体育视角下对户外运动的界定。与国外相比,我国有关户外运动的定义已经有了较多的研究。同时应注意到,其与国外学者从休闲角度对户外运动进行的研究有很大的区别,国内学者更多地把户外活动作为体育的一部分来进行研究。户外活动是由全国登山管理中心指定的一组具有探险性或经验性的体育活动,在自然环境中(不是专门的场地)进行,通常分为三种:海、陆、空。这个定义通常被看作是一个标准的概念。张志坚把户外运动视为一项在天然的地方(不是专门的)进行的运动。李久全认为,狭义的户外运动是一种具有探索性、挑战性的以自然环境为场所的体育活动。举例来说,包括步行、负重行军、徒手攀岩、急降、漂流、攀冰、山地滑雪、峡谷运动、登山、洞穴探险、定向、拓展、溯溪、野外生存等。

王莉表示,户外运动包括登山、攀岩、徒步、山地穿越、野营、溯溪、漂流、荒岛生存、山地自行车、山地越野、洞穴、滑雪、攀冰、滑翔、独木舟、骑马,是一种在自然中进行、与大自然紧密联系的一种新型体育运动。另一些学者则将回归自然的各类休闲体育方式视为户外运动,其功能与休闲活动中的观赏性、休闲性、亲近自然、拓展交际范围、放松身心等基本功能相似,认为户外运动即在闲暇时,以旅行(行军)方式和体育方式(步行、滑雪、登山、自行车等)来锻炼身体、拓宽视野、撰写地方志和完成职业使命的特定社会活动。

其次是探险视角下对户外运动的界定。国外关于户外运动的概念最初是从"探险"这一角度出发进行阐述的,它与体育运动有着密切的联系。王枫桐指出,户外运动是人们脱离现实生活区域,到其他地方进行的一种具有探索性的运动。这也是国内学者首次提出户外运动的概念。李舒平表示,户外运动是指在室外进行的一项运动,其内涵很广。总之,将历史上未列入奥运会项目的、在自然环境中进行的、与自然环境有直接关系的体育项目统称为"户外体育"。2002年草拟小组修改中国登山协会章程时,更深入地探讨了户外运动的内涵。后来李舒平将户外运动的概念加以修改,认为它是一种以自然为场地、具有探险性质的体育活动,同时总结了户外运动的六个特征:在自然中进行的具有回归自然性质的运动;一种综合性的理论;强调团队精神;具有不同程度的探索性和挑战性;对体能的要求严苛;是体验式教学的重要载体。马新祥、田庄等人认为,在自然条件下依靠自己的力量或利用自然的力量进行的体育活动称为"户外运动"。

最后是休闲视角下对户外运动的界定。从休闲的视角来看,目前我国对户外运动的应用较多。李彦杰从体育的休闲价值出发阐述了其内涵,并指出其最显著的特征。李红艳认为,户外运动是一种休闲的存在状态,在闲暇的时候,人们会在不同的自然条件下选择不同的运动方式(如步行、滑雪、登山、自行车),在山地、水域、沙漠、高原等不同的自然条件下进行,以促进身心健康、释放压力、增进人际交流,获得惊心动魄的户外体验。齐震则认为,户外运动就是人们通过利用现代科学技术,在与大自然的沟通中不断地向自己发起挑战,同时将人体潜力开发到极致的休闲娱乐活动。孙永生、史登登等人认为,户外运动是一种非生产性的人类活动,它是在自然环境或人造的自然环境中与自然发生交互作用的一种行为。

总之,由于研究视角不同,学术界对户外运动的定义众说纷纭,但是由国家登山管理局发布的正式定义使得大家对户外运动的概念有了统一认识。此后,其他学者对"自然场地""体育活动"的研究大多集中在场地特征、技术特征、项目内容等方面。近几年来,有些学者在进行户外运动概念的研究时引入了国外的休闲理论,为其注入了新鲜活力。

二、户外运动的资源分类

(一)自然资源

1. 陆地户外运动资源

陆地户外运动是指在陆地上,如在山地、丘陵、荒野、峡谷、岩壁、洞穴等地开展的户外运动。主要分为山地运动(登山、山地越野跑、山地越野骑行、攀岩、岩降等)、丛林运动(穿越、定向)、荒原运动(徒步、露营、沙漠穿越)、洞穴运动(探洞)等。

2. 水上户外运动资源

水上运动指全部过程或主要过程是在水下、水面或水上进行的各种形式的体育比赛和活动。而水上户外运动属于水上运动的一部分，特指在水下、水面或水上进行的各种各样的户外运动，主要包括溯溪、漂流、皮划艇、帆船帆板、扎筏泅渡、潜水等。

3. 空中户外运动资源

空中户外运动指的是户外运动中的空中项目，主要包括跳伞、滑翔伞、动力伞、热气球、滑翔机等。跨江滨海，湖泊众多，地势平坦，气候温和，突发性自然灾害发生频率低，旅游资源丰富，以及文化底蕴深厚的地方适合发展空中运动。科研机构、飞行器生产企业的发展程度，强大的创新能力，发达的制造业，众多的人口，城乡居民收入水平、消费水平等因素，都影响户外运动发展。

（二）社会资源

1. 政策规划资源

坚持党中央的路线，响应国家号召，积极发展各项体育事业，能为户外运动的发展提供强有力的组织保障。相关政策的出台也为户外运动的发展提供了强大的政策支持。

2. 经济产业资源

雄厚的经济基础、较高的城市化发展水平、先进的思想理念可以为体育事业的发展奠定最重要的基础，第三产业快速发展也可推进体育产业的发展进程。

3. 文化遗产资源

文化是民族的血脉、人民的精神家园。体育是与人类生产生活相伴而生的文明产物和文化形态，是实现中华民族复兴伟大中国梦的具体载体之一。围绕体育的文化属性而形成的物质、精神、制度和行为等现象均属于体育文化的范畴，是体育事业可持续发展的基本核心支撑，成为观察一个国家或地区政治经济环境、社会文明程度和未来发展潜力的重要窗口。

4. 户外教育资源

因为重视体育教育，义务教育阶段众多中小学除开设规定的体育课程外，利用课外时间，通过俱乐部的形式培养学生的体育爱好，广泛开展体育运动，包括露营、攀岩、拓展、定向等体育运动。

5. 媒介宣传资源

体育与媒体不可分割，媒体促进体育的商业化发展，推动体育事业不断发展。另一方面，体育的蓬勃发展，如体育赛事活动等又不断为媒体提供素材。

三、户外运动的基本功能

户外运动是一项新兴的体育运动，在经过三十多年的发展之后，它逐渐为许多人所喜爱，并且在大众的心目中占有很重要的位置。户外运动既有体育运动的普遍性，又具有其自身的特点。体育运动的普遍性决定了户外运动对人的心理健康具有重要作用，而其本身的特性又决定了它可以培养团队合作精神，锻炼出坚韧不拔、处变不惊的冷静品质，增强环保意识，促进人与自然的和谐发展。此外，户外运动还有教育、经济等方面的作用。

（一）促进身心健康

户外锻炼对身体健康有正面影响的观念日益受到认可，人们对该观念的理解也在不断加深。培养具有高素质的人才，既要具备现代科技知识，具备综合能力，如学习、创新、适应社会，同时，身体要强壮，人格要健全，精神要健康。个人的身心健康是影响其智力发展、品德修养和综合素质的重要因素，并且可学生的创造力、竞争能力、自主人格、适应能力。户外锻炼对身体和心理健康有明显的正面影响。在空气清新、环境优美的地方进行一些户外活动，如攀爬、跳跃、步行等，可达到提升力量、速度、耐力、敏捷度、柔韧性等综合素质的目标。户外锻炼的强度不高，主要的方法有步行、低海拔骑车，心率每分钟110次。多做一些有氧运动可以达到锻炼的效果。

在户外进行体育活动，对个人的精神健康也有很大的作用。参加户外运动是将自然环境作为运动场地，根据"自由选择"的运动原则对身体和心理进行调节。在紧张的学习和工作后投身于自然的怀抱，让我们充分感受到自然的气息，在发泄中感觉到心灵的放松，在团队中体会到团结的力量，在释放出能量时感到满意。一般野外的环境是非常复杂的，天气是变化的，进行运动是非常困难的。艰苦的野外生存条件与便利舒适的城市生活相比，是一种巨大的反差。参加户外活动的人都背着沉重的行李，翻山越岭，不仅要对抗恶劣的自然环境，同时也要不断地与内心的犹豫、妥协、放弃的思想抗争，承受着心理和身体上的双重压力。户外锻炼不仅可以锻炼出强健的体魄，同时也可以培养出一种勇敢、坚韧不拔、镇定自若的品质。

（二）培养团队精神

个人是构成一个社会的基本单元。人无法与社会分离，人与社会是相互补充、彼此作用的。社会是人类的社会，人与人之间相处融洽是社会和谐的象征。人要充分地融入社会，才能不断地发展自己、完善自己，成为一个真正的人。只是在当今社会，随着市场经济的迅速发展，人际关系却没有得到显著的改善。发达的科技使得地球成为一个"地球村"，但是，钢筋混凝土建造的都市却妨碍了人们的交流与沟通。日新月异的通信手段改变了人与人之间的沟通方式，让人与人之间的直接沟通越来越少。

户外运动是团体活动，特别注重合作，从一开始到结束，它都强调了团队合作。人是有感情的生物，他们需要情感的沟通与交流。在荒野中，大自然给参加者提供了自由的空间，人们互相帮助，开阔、美丽、宁静的大自然也激发了人们的思想和愿望。在你精疲力竭的时候，他们会向你表示友好的问候；在你面对困难和恐惧的时候，他们会给你热烈的掌声；在你想要退却的时候，会有一个人耐心地鼓励你。这些都可以让你有勇气和自信去克服一切困难，伙伴间的感情也会因此变得更深。在对自然和自己的挑战中，所有人都在合作，互相帮助，这有利于培养乐于助人的习惯，培养团队合作精神，培养吃苦耐劳的精神。

另外，进行户外锻炼时每个人都有自己的任务，而每一个人的职责都和整个团队息息相关。所以，当人们在野外的时候，不但要保证自己的安全，更要时时刻刻为集体、为别人着想，时时刻刻都要以集体的利益为出发点，而集体则无时无刻不在关注着每个参与者。团结互助、关心同伴是参加户外运动的人必备的素质，只有这样，户外活动中的冲突才会被有效地化解。为了促进人际关系的融洽，团体户外体育活动要求参加者在遇到困难时同甘共苦、共同努力，共同解决问题并培养团队精神和协作精神。

（三）增强环保意识

和谐社会是指人与人、人与自然和谐共处、安定有序的社会。当今世界的经济飞速发展，大自然的阳光、空气、水、动物、植物无时无刻不受到环境污染的威胁和损害。为保护我们所生活的星球，为我们的子孙后代提供长期的福利，解决环境问题已刻不容缓。"环保"是户外运动中最主要的一个观念。户外运动倡导在荒野中留下脚印，带走垃圾，让山川更美丽，让飞禽走兽更自由。在户外运动中必须切实做好环保工作，只有这样，我们才能真正地爱护大自然。

（四）促进人的发展

随着时代变迁与社会的进步，高校体育课程的教学内容、教学方法和教学目标发生了深刻变化，体育教学内容由"以运动技术为中心"向"以体育方法、体育动机、体育活动、体育经验"转变。教材内容强调可接受性、科学性，更加突出健身性、娱乐性、趣味性、终身性和实用性。在教学理念上强调素质教育，尊重学生的人格，承认学生的个体差异，重视学生的个性发展，"快乐体育""健康体育""终身体育"思想已是高校体育工作的核心。

1998年，中国地质学院在全国首次将野外生存（其中一项是户外活动）纳入了体育教学中。早在2002年，教育部颁布的《国家体育大纲》中就明确提出，要充分利用空气、阳光、河、湖、海、沙滩、田野、森林、山地、草原、雪原、荒原等各种环境，进行野外生存和生活的教学与培训。户外运动是一种与"以人为中心"的现代教育理念相适应的体育课程，受到了教育界的普遍认同与赞扬。

（五）促进体育产业发展

随着全球经济的快速发展，户外运动在全球范围内的应用越来越广泛。户外运动是21世纪最有前途的产业之一，而欧美等发达国家的户外体育产业也是其不可缺少的支柱产业。在许多户外运动中，休闲体育活动是大众最喜欢的。根据经济观察人士的预测，21世纪体育的发展趋势就是"休闲体育将会成为大众生活的一部分"。从全球来看，户外体育运动的市场是不可限量的。我国大力推进体育行业的发展，户外运动、户外休闲等逐渐成为体育行业的新亮点。

第二节 户外运动与拓展训练的模式

一、户外运动与拓展训练的概念

户外运动是在自然场地进行的一组集体项目群，其中包括登山、攀岩、悬崖速降、野外露营、定向运动、漂流、探险等项目。户外休闲运动多数带有探险性，属于极限和亚极限运动，有很大的挑战性和刺激性，人们在参与过程中拥抱自然、挑战自我。拓展训练是指通过专业的机构，对久居城市的人进行的一种野外生存训练。拓展训练通常利用崇山峻岭、瀚海大川等自然环境，通过精心设计的活动达到"磨炼意志、陶冶情操、完善人格、熔炼团队"的培训目的。

户外拓展训练是一种全面、科学的培训方式，它利用自身独特的功能和特点，在了解参训者出现的问题的情况下，利用户外拓展活动的形式模拟真实的生活情境，对学员进行心理和身体上的训练。户外拓展训练让参训者去挑战模拟实际环境的障碍，磨炼自身的素质，勇于挑战自我、突破自我，不断去发现自己的不足，去改变自己、完善自我。

二、户外运动与拓展训练模式的起源与发展

（一）户外运动与拓展训练模式的起源

"拓展训练"在国外被称作"Outward Development"，或者称为户外拓展训练，可译为在波澜不惊的大海上，一艘小船毫无畏惧地驶向远方，去完成使命、接受磨炼并战胜不可预知的未来。

户外拓展训练开始于20世纪30—40年代。据说，盟军和德国纳粹在大西洋发生战斗，盟军的船只被偷袭后沉入大海，伤亡惨重但仍有部分幸存者生还。国外一些学者对他们进行研究发现，幸存者之所以能够生还，是因为他们有坚定的毅力，懂得相互鼓励和帮助，最重要的是有过硬的心理素质。这引起了德国学者库尔特·哈恩（Kurt Hahn）的注意，经过长时间的摸索研究后，他与好友劳伦斯（Lawrence）成立了世界上第一所户外拓展训练学校。该校主要是模拟一些海上突发状况，来锻炼海军士兵的心理素质，培养他们克服恐惧、战胜困难的信念。

（二）户外运动与拓展训练模式的发展

1. 国外发展状况

1940年之后，户外拓展训练在一些欧美国家引起了一阵潮流。由于户外拓展训练在海军士兵的培训上取得了显著的成绩，引起了其他行业的效仿，这段时间拓展训练的参与者从海军士兵扩展到学生、工人、管理者等其他行业的从业人员。这些行业也模仿海军士兵的拓展训练方法，先模拟建立起一个真实的工作场景，然后组织各种户外活动来进行培训。这一阶段主要是针对一些管理者和资本家进行心理和管理能力两方面的培训，并且拓展训练的效果非常好，很快就在整个欧洲流行起来。

1946年，在英国专门成立了拓展训练信托基金会（英译为"The Outward

Bound Trust")。随后由拓展训练信托基金会牵头筹集资金来建立拓展训练学校，并且拥有拓展训练今后发展的一切解释权与授予权。1963年美国教师乔什·曼纳（Josh Miner）在英国学习归来后，拿着拓展训练信托基金会颁发的许可证在美国建立了第一所户外拓展训练机构，并在全世界散播开来。受到拓展训练的影响，美国高中校长皮赫看到了拓展训练带来的益处，将它引进了学校，采取教育与拓展训练相结合的方式来对学生进行养成教育和管理。在他和团队的协作下推出了户外拓展训练的活动大纲，此活动大纲运行顺利且受到学生和家长的一致好评，全美教育普及网络把它评选为"示范大纲之一"。之后几乎所有的高中都在实施这一拓展训练活动大纲。

户外拓展训练的大力发展取得了一定的成绩，世界范围内各大洲的许多国家都陆续建立起了拓展训练学校。在这一历史背景下，1964年1月9日在美国草拟了构成拓展训练法人机构的文件来确保拓展训练在世界范围内的施行。亚洲地区最早的拓展训练学校于1975年在新加坡建成，受到了国家总理的高度重视和人民的喜欢。随后这种户外体验式教育培训方式逐渐在亚洲其他国家开展起来。

2. 国内发展状况

1970年，由户外拓展训练国际组织通过考核授予香港户外拓展训练许可证，至此香港特别行政区成为我国首个拥有专业户外拓展训练机构的地区。1999年，广东肇庆市在国际拓展训练组织的扶持下，于1999年成立了我国第一个被国际拓展训练组织承认的户外拓展训练基地。

1994年，国内拓展培训第一人——刘力用敏锐的洞察力看到了拓展训练在中国的巨大市场，随后他在中国首都北京创立了中国国内第一家户外拓展训练学校，并在相关单位注册了"拓展训练"作为学校的商标。后来他建立了中国最早也是影响力最大的户外拓展训练机构——北京人众人拓展培训机构。随后的几年出现了越来越多的拓展训练机构，可以说刘力为中国户外拓展训练行业的发展迈出了前进的一步。

经过近些年的发展，户外拓展训练在中国呈现出了蓬勃的朝气与巨大的魅力，它以独特的先行后知的训练模式吸引着成千上万的人。随着需求的增多，拓展训练机构也出现成百上千的增长模式。据不完全统计，国内目前从事专业拓展训练的机构已有上千家，经营或是组织拓展训练相关活动的机构有上万家，这样庞大的市场是让人始料未及的。

1999年，我国的户外拓展训练在不断探索中基本找到了前进的方向，也得到了社会的认可。初步稳定之后效仿美国进入了学校的素质教育领域，成为一种新的培训方式并融入了新的学习理论，瞬间盛行于国内几所知名大学，其他高校也纷纷将拓展训练引入日常课程教学中。之后国内较发达地区的学校也陆续让拓展训练走进校园，走入学生的学习和生活中。

至今，在全世界多个国家和地区成立了许多统一命名的拓展训练学校。这些拓展训练学校已经成为一个国际训练组织，它的总部设在加拿大的渥太华。国际拓展训练组织有一个共同的宣言：激发自尊、帮助他人、服务社会、放眼未来。

三、户外运动与拓展训练模式的发展策略

（一）改善基础场地设施，优化拓展项目器材

目前，各户外拓展基地的基础场地设施还有许多欠缺的地方，需要参考优质拓展基地的场地建设，去进行模仿和改良。例如，"珠行万里""罗马炮架""鼓动人心"等拓展项目所需要的 PVC 管槽、高尔夫球、竹竿、气球、鼓和排球等简易且方便携带的项目器材，各个机构在前期准备时要确保常驻的拓展基地都有备份。这些简易的器材在拓展活动中容易损坏或丢失，在活动前做好充分的准备可以让拓展活动的进行更加顺利。

（二）加强创新拓展项目，大胆尝试新内容

近年来，大大小小的拓展机构在不断地沿用传统的户外拓展项目及内容，但能够在市场上站稳脚跟的还是那些懂得创新、知道如何改善拓展项目内容的机构。基地方和机构方应该组织教练员进行创新培训，大力倡导教练员去创新，用科学正确的手段去创新拓展项目。可以将当前人们的兴趣爱好作为导向，也可以结合社会热点去开发新的拓展项目。创新的内容是在教练员的反复推敲和多次实验下验证成功的，可以进行大胆的推广尝试。通过创新项目前期的活动效果去判断整个创新项目的利弊，精准衡量后再进行进一步的优化，设计出符合人们参与现状的优质创新拓展项目。

（三）大力引进拓展人才，升级教练培训方式

户外拓展运动的整个进程离不开拓展教练员的引导和把控，教练员不仅需要熟练地掌握户外拓展运动的带队流程、活动项目走势等，而且还要具备一定的专业拓展知识、技能和丰富的经验。所以大力地引进经验丰富的拓展教练员，加强

对拓展教练员户外拓展知识、技能的培训非常有必要。所有教练员到外面优秀的拓展基地进修学习对于各个机构和教练员来说是一笔不小的投入，实行起来的可行性不强；但是将外地专业的户外拓展训练专家请来，对拓展教练员进行为期一个星期或半个月的培训，让教练员们都能够学习到专业的拓展知识、技能，还能大大降低培训成本，同时不耽误本地的户外拓展运动的正常进行。另外，还需要对兼职的拓展教练员提高就业门槛。兼职教练员在带队拓展训练之前必须经过全职教练拟定的岗前培训，学习专业的户外拓展知识和技能并通过考核后，才能够正式成为户外拓展训练项目负责人。

（四）强化前期破冰环节，协调把控项目内容

参与户外拓展运动的基调是由最开始的破冰环节来奠定的，破冰环节的导入在让参与者放下负担、放下压力的同时，也能够培养团队默契，产生团队共识，提高团队互动程度，增强各参与者的参与感。破冰环节的活动内容需要加强氛围感，在开展拓展训练活动动力绳圈前，需要教练员强调团结协作的重要性。刚开始的时候可以适当增加破冰环节的难度，在参与者未完全体会共同进退、积极有效合作的重要性时，加大难度让参与者体验失败；等到参与者完全领悟到信任和协作的重要性时，指引参与者顺利完成挑战，从而加强体验感。另外，在各个拓展项目的开展过程中，分组后的各支队伍要分别进行不同路线的项目挑战，需要把控好每支队伍完成拓展项目的内容和时间。在闯关环节每个守关以及带队的教练员应该配备一个对讲的通信设备，确保通过每个关卡的时间是没有冲突的。

（五）建立风险防控体系，增强成员风险意识

户外拓展运动的开展需要对实在风险、潜在风险和意外风险进行防控，是需要机构和参与者共同去实行的。首先是拓展教练员对基地的各个拓展环节进行潜在风险的预防。例如，高空项目安全装备中的头盔、保护器、安全带等在活动中都要在教练员的监督下戴好，并且教练员们要时刻关注各个参与者的状态，在边上做保护准备；水上项目的救生圈、救生衣等都需要确保齐全，并且在岸边要安排具有救生员资格证的教练员在边上看管。其次是对参与成员的风险意识进行加强，在活动开始前进行安全教育，列举户外拓展运动中不注意安全的例子，让学生们意识到活动中风险的存在；并且在每一个拓展项目进行前，教练员都要再三强调拓展运动中需要注意的地方，进一步加强参与者的风险意识。最后就是拓展活动的保障，确保拓展活动都是在良好的天气和环境中进行。

第三节　户外运动与拓展训练的安全原则

对于拓展训练来说，安全不仅仅是一套完备的系统、严格的制度，更是一种思维，融入拓展训练员的日常生活中。安全和不安全之间是没有过渡的，一旦迈出百分之百的安全，那就是百分之百的危险。有丰富经验的教师按照安全规程，严格监督整个教学过程，以保证进行"100%的安全"培训。

为了消除隐患、降低风险，需要遵守以下户外运动与拓展训练的安全原则。

一、双重保护原则

在设置课程时，对所有需要进行安全防护的培训都要进行两次防护演练，任何一种防护措施都能确保学生在教学活动中的人身安全。举例来说，在进行信任背摔的时候怎样才能更安全呢？首先，老师要引导学生进入保护架上，等他背靠着防护架，系好了背摔绳，再由拓展老师引导学生走到平台边缘，等老师确定方向正确后再松手；倒下后，队友们先用双手接住，就算身体再重也会落在同伴的弓步上而不是地面，所以接人的人都要弓步站好。

二、多次复查原则

所有的防护设备都要合理使用，在使用完毕后要重新进行一次检查，并对运行中的一些防护设备进行反复检查，以避免出现操作失误。比如，在上断桥前，我们会先检查一下自己的身体，然后由队长和其他队员进行检查。在登上断桥的时候，老师会重新检查一下安全带和安全帽。

三、全程监护原则

拓展训练老师对训练过程中可能出现的安全问题进行全程监控，要尽量把所有的危险都消灭在萌芽状态。比如，在建造逃生墙的时候，老师和安全监护人都要时刻监督整个过程，一旦发现不正常的行为，就会立刻停止并发出警告。不但要注意攀爬的人，而且还要注意墙壁上的人。

四、器械备份原则

在需要防护设备的地方都要有备用设备。举例来说，在跳远比赛中，必须有两组单独的绳子，并由主锁具进行保护。在进行空中单杠保护的时候，必须在横杆的两侧设置一个保护点，每个保护点分别与一根主锁相连，主锁的另一端悬挂在各个连接点上，以保证每一根都能起到保护作用。

除此之外，还有几个基本的要求，比如在空中更换锁具时，要遵守"先取后取""互相保护"等原则。只有在参加活动的时候认真讲解、规范操作，把安全工作做好，这样我们才能真正地体会到户外运动与拓展训练的乐趣和收获。

第四节 户外运动与拓展训练的安全保障

一、户外运动与拓展训练的安全保障现状

（一）户外运动与拓展训练缺少必要的行业规范

目前，国内几乎没有针对拓展训练的管理部门，针对拓展训练的行业规范没有相关的法律法规来保障，导致拓展训练中所出现的问题得不到解决，拓展训练行业的健康有序发展得不到有效保障。自1995年开始，迄今为止未出台针对户外运动与拓展训练行业标准与从业规范的法律法规，而且在户外运动与拓展训练基地建设方面也没有明确的建设标准，拓展教练的从业资质认证没有相应的行业标准与从业规范。教练的从业资格没有受到鉴定，教练的操作是否规范，拓展训练项目安排是否合理，拓展训练场地设施维护是否有保障，装备的使用与维护是否合理等，这些都只能靠相关从业人员进行自我管理和控制。

（二）户外运动与拓展教练培养体制及手段缺乏

在拓展训练中，拓展教练是否规范操作及安全意识是否提高，都是影响参训者安全的潜在因素。而有些拓展训练组织方为了谋取高利润，对拓展教练的培养都是草草了事，甚至未对即将上岗的教练进行系统及规范训练。在教练的选择与使用上没有具体的可执行标准，对想从事拓展训练的人员只是进行简单筛选，比如询问应聘人员是否敢说话、说话是否流畅、对拓展训练有没有兴趣等简单问

题，而根本就不考虑该教练是否可以胜任岗位，对教练的选择与使用完全是"一厢情愿"。对刚进入拓展行业的新教练，拓展训练主办方为了节省开支，基本上没有系统的理论与技术培训；即使进行了培训，因为没有采用专业、系统的培训标准，培训流程及培训内容也都是随意而为。从表面来看，拓展教练好像是经过内部培训了，但在实际操作时会出现各种不规范化操作手段，安全隐患极大，极易引发各种安全事故。

二、户外运动与拓展训练的安全保障原则

（一）防护性原则

针对高校学生的心理特点，高校在开展户外运动与拓展训练时必须提高参与者的自我防护意识，从教练到学生都要严格遵守防护原则，做到预防为主、防护结合。预防为主、防护结合要求培训人从培训开始之前、培训过程中都要始终如一地进行安全保障，将危险程度降到最低。无论是预防还是保护，都要遵守以下几个原则着手去做。

首先是备份原则。备份原则是指与户外拓展训练有关的任何设备都需要做好备份工作，而且这种备份要细化到任何存在威胁的地点，真正地做到万无一失。

其次是复查原则。在准备好所有的安全装备之后都需要再进行一次细致的复查工作，通过复查来消除各种安全装备的潜在隐患。

最后是监护原则。户外运动的培训师要做到时刻监护、全程监护，将可能出现的隐患消除在萌芽中。另外，培训师要充分了解受训人的特点，应该迅速掌握所有受训人的身体状况，做到有针对性地监护。

（二）人性化原则

在户外拓展训练的全过程中，学员是整个训练的主体，因而在整个训练中，要始终坚持以学员为核心的"人性化"训练安全理念。一是最大限度地保证受训人员的人身安全，而不是顾此失彼；二是要实现针对不同群体的安全保障；三是在实施保护的同时尽可能地保证学员参加训练的热情，防止学员因过度的安全保护而丧失训练的兴趣。

（三）原本性原则

户外活动之所以受到人们的重视和喜爱，一方面是由于其本身的特性，另一

方面，户外拓展训练由于与自然联系密切，对人们的身体和精神都产生了正面的影响。在高校进行拓展训练必须建立健全的安全保障机制，但同时也要尽量保持其原有的特性，不能因其存在风险而削弱其魅力。户外拓展运动最大的特色就是现代人和自然的高度融合，在自然环境下锻炼身体、增强团队意识。在进行安全保障的时候，如果严格要求受训人员避开一些受欢迎、刺激的运动项目，这样可以保证受训人员的生命安全，但同时也会削弱受训人员的积极性。所以在建立安全保护制度的时候，要尽可能地保持原始的体育特色。

（四）系统性原则

安全体系的设计必须涉及系统安全的各个方面，一定要按照整个系统的目的性、整体性和指标的相关性、层次性来组合。考虑到各个子系统之间相互影响、相互制约的关系，为了清晰且便于评价，应该按照某些原则合理地将评价指标分为目标层、准则层和指标层等若干层。

（五）全面性原则

全面性是指要对评价对象的各个方面进行全面的评价，不应特别突出某一方面。安全问题涉及诸多的层面，同样，建立的安全体系也应是一个从多层次出发、从多角度观察的立体结构。安全体系的建立必须从安全的角度出发，全面考虑整个活动的安全因素，对拓展训练活动的各个项目分门别类进行详细的安全分析，避免遗漏掉大的安全问题，从源头上排除安全隐患。

（六）可行性原则

安全体系的建立在理论层面只是一个空想，在实践中建立安全体系，只有可以操控才能够给拓展训练活动带来有力的安全保障。要确保设计与组织方案是切实可行的，各项指标是现实条件基本能达到的，在实际工作中是可以执行的。

（七）可控性原则

安全体系的各子系统只有在合理的安全规范指导下，才能保证拓展训练活动的参与者有效把握体系的整体安全状况。可以有针对性地对场地周围的环境、购买的安全装备和安全技术进行利用与管理，使得整个体系的安全性是可控的。

（八）动态性原则

拓展训练活动是不断发展变化的，引进学校的项目也会越来越多，各个系统之间要不断地检查和调整其内部因子，保持整个安全体系的动态平衡。

（九）可承担性原则

安全体系从设计到实施以及安全系统的后期维护、安全培训等各个方面的工作都要由大量的资金来支持，学校要为此承担一定的开销。如果支出的成本比从安全体系中获得的利益还要多，那么就不该采用这个方案。所以，在设计安全体系时必须考虑学校的特殊情况、本身特点和实际承受能力。

三、户外运动与拓展训练的安全保障要素

户外拓展训练是受训人使用一定的器械在一定的环境下进行的培训活动，受训人、器械和环境是构成户外拓展训练的三个主要要素。因此，在构建保障体系时需要充分考虑三者的特点。

（一）消除物的不安全状态因素

在进行户外拓展训练时，器械是沟通受训人和环境的纽带，受训人通过一定的器械在不同的环境中进行培训。因此，保障器械的完整则是保障受训人人身安全的前提。消除物的不安全状态因素需要做到以下几点：首先，在进行培训前需要充分检查器械，保障其能顺利运行；其次，在培训过程中，要不间断地检查器械是否出现故障；最后，在培训结束时，要检查器械是否遭到损坏，而且要定期对器械进行维护，延长器械的使用寿命。

（二）杜绝人的不安全行为因素

受训人是户外拓展训练的主体，也是安全保障体系所要保护的对象，因此，在进行户外拓展训练时必须杜绝受训人的不安全行为。首先，在进行培训之前应该充分了解每一名受训人的身体状况，如有特殊疾病则不允许参加培训；其次，在培训过程中如出现某些受训人故意破坏培训秩序的行为要及时制止，保障培训顺利进行。

（三）控制不利于安全的环境因素

环境是受训人进行培训的重要影响因素，环境因素包括场地、天气等各个方面，只有充分了解这些因素，才能更好地预防和减少环境中的不利因素给受训人带来的人身伤害。在进行培训之前，不仅要检查场地里是否有危及生命的破坏物，还要检查岩石峭壁是否出现松动等情况，更要及时了解当天的气候状况，判断是否会出现暴雨、大风等不利天气。

四、户外运动与拓展训练的安全保障体系

（一）管理体系

1. 成立责权明晰的政府管理机构

所谓"纲举则目张"，成立责权明晰的政府管理机构并充分发挥其管理职能就是户外运动与拓展训练安全保障体系的"纲"。户外运动与拓展训练从最开始时的有序竞争到后来的不良竞争，再到如今的恶性竞争，其根源是行业缺乏强有力的管理体系。没有责权分明、井然有序的管理体系是目前户外运动与拓展训练行业混乱、安全事故不断出现的根本原因。针对这种现状，相关部门首先要建立专门的户外运动与拓展训练管理机构。不管是从户外运动与拓展训练基地的审批、建设到维护和检查，户外运动与拓展训练教练的培养、考核到等级升降和注册，还是从户外运动与拓展训练的事故责任认定到户外运动与拓展训练事故的救援，都离不开管理部门的协调组织，专门的管理机构在户外运动与拓展训练全面、协调和可持续的行业发展中具有举足轻重的地位。

管理机构下设教练管理、基地管理、行业监察、行业信息和应急救援五个职能部门。教练管理办公室负责拓展教练专业化队伍建设，具体包括教练培训、教练考核、教练等级升降和教练注册等工作；基地管理办公室负责基地标准化建设工作，具体包括基地审批、基地建设、基地维护和基地检查等工作；行业监察办公室负责对行业内违法违规行为进行监督和查处，具体监察对象包括教练、基地、操作、安全等；行业信息办公室负责建立行业信息发布平台，对行业信息进行搜集和发布；应急救援办公室负责应急救援队伍建设、应急救援方法措施的研究与制定和完成救援任务等。

2. 建立户外运动与拓展训练安全保障长效管理机制

在户外运动与拓展训练行业管理中，成立管理部门是基础，形成卓有成效的管理机制才是核心。管理部门只有通过管理机制才能发挥其管理职能。要针对户外运动与拓展训练的行业特点，制定有关教练培养、基地建设的管理措施和规章制度，走教练专业化培养、基地规范化建设的路子。此外，要不断总结经验，逐渐建立运行机制、动力机制和约束机制，通过运行机制保障行业的有序发展，通过动力机制促进行业的快速发展，通过约束机制保证行业的规范发展。只有这样才能尽量避免行业中的不正当竞争、不规范操作、不协调发展，使户外运动与拓展训练行业走上有序、规范、快速发展的道路，减少户外运动与拓展训练事故的发生。

（二）法律体系

自1995年进入中国后，户外运动与拓展训练在中国有了长远的发展。据不完全统计，全国拓展训练从业人员达几十万，但膨胀式的发展必然带来诸多问题，尤其是户外运动与拓展训练中的安全问题。纵观全国上下，户外运动与拓展训练事故屡见不鲜，人身死亡事故时有发生，这些事故给我们敲响了警钟，可以说户外运动与拓展训练行业到了必须加以规范的地步。目前任何一个行业的规范都离不开国家的立法和监督，可以说国家立法并予以监督是规范一个行业最直接有效的方法，对于户外运动与拓展训练来说同样如此。相关部门应当出台相关的法律法规来规范户外运动与拓展训练市场，同时保障参训学员的安全。

针对户外运动与拓展训练这种群体性的活动，国家在《刑法》《治安管理处罚条例》以及《消费者权益保护法》等法律法规中都有相应的条文。但这只是一个框架，而没有针对户外运动与拓展训练行业的特殊性对各个环节做出相应的规定，因此各级相关责任部门应当出台具体而有针对性的法规和制度以规范户外运动与拓展训练市场。比如相关部门应当针对户外运动与拓展训练培训师制定培训、考核认证、注册以及等级升降制度以形成专业化的培训师队伍，将没经过系统培训和资格认证、有可能对参训学员构成安全隐患的教练挡在门外。

相关部门根据户外运动与拓展训练的行业特点和性质进行立法，地方和行业协会以相关的国家法律为依据进行法规和规章建设以形成行业规范，在行业规范中就行业准入、教练培训与管理、基地建设与管理、装备使用、应急救援等内容制定严格的行业标准,并明确相应的处罚措施,对行业中违法违规行为进行处罚。只有相关部门针对户外运动与拓展训练制定合理的规章制度体系,使户外运动与拓展训练市场有法可依、有法必依,针对违法违规的行为和单位做到执法必严、违法必究,才能使户外运动与拓展训练行业真正得以健康发展,使参训学员的安全得到切实的保障。

(三)监督体系

在建立监督体系过程中,要以"信息公开"为目标,形成政府监督、社会监督、市场监督和媒体监督相结合的全方位、一体化的监督模式,做到监督到位、不留死角。政府要明确自己的领导地位,积极协调组织,做好宣传工作,充分调动广大人民群众的积极性,建立行之有效的奖惩机制。对于主动举报和曝光户外运动与拓展训练行业中违法违规操作和户外运动与拓展训练事故的个人和媒体进行奖励,对于违法违规操作的拓展训练公司加大处罚力度,对于因违法违规操作造成重大事故的公司吊销营业执照,并随时将拓展训练公司的违法违规行为和出现的事故通过"户外运动与拓展训练信息网"加以公布,做到信息公开化、透明化,以利于广大参训企业上网查询并选择安全等级高的拓展训练公司。

(四)保障体系

拓展训练教练是保证学员安全的最直接的因素,因此专业技能过硬、态度认真负责、做事严谨细心的教练对户外运动与拓展训练安全保障而言至关重要。但目前拓展训练教练培训市场混乱,所用教材五花八门,培训时间严重不足,培训出来的教练未经过必要的跟队实习的历练就开始独立带队;更有甚者没经过任何培训,只是参加过户外运动与拓展训练就开始进入培训领域,很多户外运动与拓展训练事故就是由未经过专业培训和认证的教练的不规范操作或未及时发现安全隐患造成的。因此,拓展训练教练培养急需要形成培训、考核、注册、等级升降的规范体系。建议由国家相关部门组织户外运动与拓展训练公司组建行业协会,由协会出面组织户外运动与拓展训练的专家进行研讨,制定教练培训、考核、注册和晋升机制,统一培训教材,明确培训内容,规定培训时长,制定考核标准,建立注册系统,确立等级升降制度。同时做好参训企事业单位的宣传工作,在进行户外运动与拓展训练时检验教练是否具有从业资格,对于户外运动与拓展训练公司也要加强管理,对于那些聘请不具备从业资格教练的企业加以处罚。只有这样才能从源头上严把从业教练的质量关，清除不具备从业资格的教练，消除教练这一环节给参训学员带来的安全隐患。

五、户外运动与拓展训练的安全保障措施

在我国，从事户外运动与拓展训练是有风险的，并非完全安全，操作上的一个失误就会造成极大危害，所以我们要提高警惕，加深对安全的认识。一旦放松警惕，哪怕是在相对安全的项目上，也会出现伤亡。

（一）加强安全意识

在进行拓展训练之前，人们会觉得"安全"这个词很容易理解，但对"危险"这个词的理解就比较含糊了。事实并非如此。"危险"常常要比"安全"来得更重要，因为危险总是存在于拓展训练中，但并不是绝对的。所以，有危险是毋庸置疑的，安全只是最好的结果。为了确保安全和减少危险，我们必须明确二者之间的联系。

所有的拓展训练都不是绝对安全的，稍有不慎就会有危险。因此，组织机构和拓展训练老师要注意他们的语言。但是在实践中，很多组织机构和拓展老师都不愿意用"风险"，因为他们害怕把事情搞砸。他们经常会用含糊不清的字眼来表达，而且常常会因为缺乏真诚的交流而把事情说成是"完全安全"，从而使自己陷入困境。这会让学员产生幻觉，从而增加危险。这就是为什么要面对风险，也要告诉学员他们会面临的危险。在遇到危险时千万不要回避，一定要先了解危险，然后才能做出决定。我们必须了解危险，并尽可能避免其发生。

有危险并不可怕，这就是拓展训练的魅力，因为参与者大都喜欢冒险。虽然不一定安全，也会有危险，但大家还是愿意参加的。当人们感觉自己很脆弱或者有危险的时候，他们特别希望能够克服这种危险，从而得到一种安全感。

参加拓展训练的人都要在安全线上接受挑战，这是一个很好的过程，只有把危险转化为安全，他们才能获得胜利。假如我们不再为"绝对的安全"而苦恼，就会发现危险一直存在，但我们可以从容地去应付，尽量避免其发生。例如，交通意外是一定会发生的，但是如果遵守驾驶规则的话就会减少意外的发生。

只有认识到危险可能带来的正面影响，我们才会明白生活的可贵。对拓展训练而言，即便是在安全范围之内，也不能只靠死守规矩，而是要学会随机应变，根据不确定的因素制定相应的安全措施。因此，在面对危险时，要灵活使用"安全方案"。

（二）加强安全管理

在国内，大部分的培训公司都有相似的安全管理程序和要求，他们会自我约束和管理。典型的做法就是师父带徒弟，然后徒弟自己创业，按照以前在公司里学到的流程来做。

在国内，拓展训练已经取得了一定的成绩，百度、搜狐等中文搜索引擎中都可以看到拓展训练的相关信息。而在网络上也经常会出现一些意外事件，这是一种非常严重的安全隐患。就降低意外事件的发生概率而言，我国的户外运动与拓展训练安全管理已经初见成效。

（三）重视安全保障

作为一个活动的领导者、组织者或是指导者，安全意识是非常重要的，对此我们一定要重视。

因为有的学员是第一次参加拓展训练，所以很多人在制订计划时担心的是活动的安全性。当然，其中的很多挑战都有一定的风险，比如"空中单杠""垂直速降""断桥"等都会给人一种极度危险的感觉。但实际上这只是一种精神上的考验，并没有太大的人身威胁。所以，在训练中重视和考虑安全问题是很有必要的，甚至可以说是拓展训练的生命线。因为一旦发生意外，受伤的人会受到很大的伤害，而且会对其身体和精神造成很大的负面影响。

认识到可能存在的危险对进行拓展训练具有正面影响。在能够达到的安全限度内，不能只按照既定的方式实施安全方案，还必须根据当地的特征和情况制定相应的安全计划，以便在发生危险时防止恐慌，并排除不安全因素。

（四）加大师资力量投入

当前，户外运动师资缺乏，一些学校开展了户外拓展训练，却缺乏专门的教练，缺乏相关的防护知识，缺乏有效的防护措施。为此，要加强户外拓展训练的师资队伍建设，以专业教师为主导，促进户外运动的全面发展。

（五）加大保护器械投入

户外拓展运动对运动气氛的影响是不同的：若顺利进行、不发生意外，则可丰富运动的气氛；但若发生意外，造成人员伤亡，将会对项目的进展造成致命的影响。所以，我们要加大对安全保护器械的投资，这样才能最大限度地保障参与者的安全，才能促进户外运动的顺利进行。

（六）定期开展训练活动

户外拓展运动相对于足球、篮球等体育项目来说，在生活中并不普及，因此，我们必须加强对户外拓展运动的宣传，让更多的群众了解并参与到户外拓展运动中来。首先，学校要加大对国内外户外拓展运动的宣传力度，让同学们能够及时地了解有关的比赛；其次，利用校园电台、报刊等多种渠道，为学员提供相关的防护知识；最后，在人们的日常生活中也要鼓励全民运动，加大宣传力度。

（七）合理购买人身保险

户外运动存在着一定的危险，我们采取多种措施可以减少风险，但也难以完全避免，所以要为参加活动的人员提供人身保险，以便在意外情况下得到赔偿。学校可以为学生购买团体意外险，既可以提供保障，又可以减少购买费用。社会群众在参加户外拓展训练时，也一定要注重对自己人身安全的保障，通过合法的渠道购买人身保险。

第五章　现代体育赛事产业的发展

体育与经济、文化之间具有十分密切的关系，一直以来，我国对体育赛事产业的发展特别重视。在"四个全面"战略的发展背景下，体育赛事在各大城市纷纷开展，体育赛事产业能够在很大程度上增强城市的竞争力，为城市的发展带来更多的活力和新的经济增长点。本章分为体育赛事产业基本理论、国内外体育赛事产业的发展、现代体育赛事的营销策略三部分，主要包括体育赛事的定义、体育赛事产业的理论基础、西方体育赛事产业的发展、中国体育赛事产业的发展、提升城市体育品牌知名度等内容。

第一节　体育赛事产业基本理论

一、体育赛事的定义

体育赛事最初是由人类的祭祀活动演化而来的，具体的时间可以追溯到公元前三千年。体育赛事又被称为体育比赛、竞技表演、体育竞赛，或者类似的叫法。然而每一种叫法的侧重点是不一样的，比如体育赛事更多侧重于比赛所带来的影响，体育竞赛则更多侧重于比赛本身，竞技表演倾向于赛事文化。

国内外的研究者都认为体育赛事是一项特殊事件，是指在特定的时间、特定的地点、有特定的目的、有且只发生一次的事情，并且对举办城市有着重要又特殊的意义。对举办城市来讲，一场体育赛事会带来不可忽视的经济影响和社会影响，具有冲击效应，尤其是对文化产业、旅游产业、城市经济增长、城市产业升级等有重要的影响。而且体育赛事和城市发展有相辅相成的关系，会给举办城市带来非常大的外部效应。

根据不同的标准，体育赛事被划分为不同的类型。按照等级来分，可以分为重大赛事、一般赛事、小型赛事；按照项目来分，可以分为综合赛事、专项赛事；根据比赛规模，可以划分成世界赛事、洲际赛事、国家赛事等。而本书是按照体育项目、比赛规模以及赛事等级划分的，所说体育赛事指具有国际性质的大型综合体育赛事，可以对主办城市产生重大的经济影响和社会影响。

二、体育赛事产业的分类

体育赛事产业分为五部分：周期性综合赛事产业、周期性单项赛事产业、职业联赛产业、单独运作的商业性赛事产业以及群众性体育赛事产业。

（一）周期性综合赛事产业

指具有一定周期性且体育赛事规模大、覆盖面广、资本要求高，一般由政府成立赛事组委会进行体育赛事运营管理及市场开发的大型体育赛事，主要包括奥运会、亚运会、全运会、大运会等的市场开发。

（二）周期性单项赛事产业

指具有一定的周期性以及项目的单一性的赛事，较之周期性综合赛事侧重于单一项目的发展，如世界杯足球赛、四大网球公开赛、世界田径锦标赛等的市场开发。

（三）职业联赛产业

指商业性比较强，通常以体育俱乐部为基础，运作模式相对比较固定，通常采用主客场制，赛事持续时间相对较长，项目单一，有较为固定的比赛模式的赛事，如NBA、CBA、欧洲五大足球联赛、中超联赛等的市场开发。

（四）单独运作的商业性赛事产业

指有特定的用户群、具备一定的市场前景和商业价值的赛事。特点是赛事的临时性，规模、时间、地点、内容的随机性，另外，赛事时效性强、市场化明显、组织策划方式多样。这些赛事一般由专业的赛事运营公司负责运营，如中国网球公开赛、斯诺克英国锦标赛等商业性赛事的市场开发。

（五）群众性体育赛事产业

指参赛主体以广大群众为主，该赛事内容丰富、形式多样、群众参与性强。国发〔2014〕46号文件颁布之后，将全民健身上升为国家战略，大众赛事已经成为炙手可热的资源。随着政府进一步放权,将会有大量的大众赛事被社会资本投资开发,如体育节、登山节、马拉松跑、环城自行车赛等赛事的市场开发。

三、体育赛事产业的理论基础

(一)经济增长理论

经济增长主要是指一个国家或者一个地区在一定的时间里生产出来的产品和提供的服务总的产出量的增加,一般都是用国内生产总值(GDP)来表示。影响经济增长的因素非常多,可以从两个经济体系来讨论,一个是封闭的经济,另一个是开放的经济。但是因为现在经济的全球化和一体化,在此主要从开放的经济体系来分析。在开放的经济体系中,有非常多的外部因素影响着城市经济增长和城市发展,生产要素和需求要素都处在一个流动的状态。比如,劳动力流入生产地、创新技术流入生产地或者资本流入生产地,都会促进生产地生产能力的提高。如果创新技术扩散出去,区域之间的需求和供给就会交换,就可以同时提高消费能力以及生产能力。目前,我国刺激经济增长的方法就是通过扩大内需来拉动经济增长。

(二)产业发展理论

产业发展是指产业的生产、增长和演化过程,包括单个产业的演化过程和整个国民经济的演化过程。国民经济的演化过程不仅包括企业数量、产品或服务数量的变化,而且还包括产业结构调整、变化、替代和产业主导地位的变化,主要是以结构变化为核心,以产业结构优化为发展方向。因此,产业发展包括数量增长和质量飞跃,包括绝对增长和相对增长。

产业发展主要有四个成长阶段,即产业形成阶段、产业成长阶段、产业成熟阶段和产业衰退阶段。最后一个阶段的持续时间会很长,可能会比前三个阶段的总时间还要长。从目前的情况来看,有大量的产业会衰退,但不会消亡。面对产业衰退,政府或者企业可能会从技术创新和产业转移两个方面进行调整。

产业发展理论主要研究产业发展规律,有助于决策部门根据产业发展不同阶段的发展规律采取不同的产业政策,也有助于企业根据这些发展规律采取相对应的发展战略。主要包括产业结构演化理论、区域分工理论和发展阶段理论。

四、大型体育赛事与地区发展的关系

（一）大型体育赛事推动城市产业发展

大型体育赛事是一个重大的特殊事件，不论是在经济上还是在社会上，都会对举办城市产生非常大的影响。在赛前筹办阶段，需要建设比赛场馆和运动员村等相关项目，同时也需要改善赛事举办地的基础设施、交通运输等。这种特殊的城市建设会在短时间内呈爆发式快速增长，促进城市产业的转型和升级，进一步促进城市交通运输和相关服务业等第三产业的快速增长。大型体育赛事也可以提高举办地的城市形象，同时也提高了其在国际上的影响力。大量的研究结果证明了这一论点。例如，根据有关数据可知，2000年悉尼奥运会给悉尼带来了70亿澳元的直接经济收入。悉尼政府充分利用当地的特色文化和环境资源，向世界各地的游客展示悉尼的自然生态环境，有效地促进了悉尼旅游业的发展。悉尼奥运会也成为新时代特殊的旅游资源，使悉尼的旅游业成为新的经济增长点。

2008年的北京奥运会促进国内生产总值增长近1800亿元，财政直接收入增加400多亿元，新增就业140多万人，人均收入增加1.3万元。奥运会的举办对北京的经济发展和各行各业的发展产生了巨大的影响。特别是在北京奥运会前期筹备阶段，奥运会的直接投资给北京带来了年均5%的经济增长，大大提高了北京的城市发展水平。

改革开放以来，我国先后举办了亚运会、世界大学生运动会、奥运会、青奥会等重要的大型体育赛事，有力地促进了我国城市的国际化发展。伴随着"一带一路"倡议和新型城镇化政策的推进，更多的大型体育赛事将在我国各大城市举行，将全世界的人吸引到举办城市。大型体育赛事就像是一个窗口，将赛事举办城市展示给了全世界，传播了举办城市的文化魅力，提高了举办城市的国际知名度，扩大了举办地区的世界影响力；并且推动了城市产业的发展，促进城市的产业结构升级，其对国家和城市发展的作用将更加显著，使体育赛事和城市建设之间互相融为一体。

（二）城市产业发展需要大型体育赛事

城市投资对城市发展的推动作用是决定城市经济增长的一个重要因素，在目前城市投资拉动城市经济增长的形势下，城市建设的重要手段之一就是吸引投资。尤其是我国政府官员会有一个固定的任期，想要在任期内做出成绩就要大力发展城市经济。举办大型体育赛事不仅可以提升整个城市的品牌形象，成为仕途上一个重要的政绩，而且也能够直接吸引一些外商的投资，从而带动本地经济的快速增长，进而促进和激励政府官员大力申办大型体育赛事，进一步推动城市的发展。

但是，城市的发展水平也不仅仅取决于城市的经济发展水平，除了城市的经济发展水平之外，还有城市交通、城市安全、城市环境、城市文化、城市文明程度等社会因素。目前，城市竞争除了经济发展水平的高低外，更多的竞争在于城市的影响力和文化。纵观过去的几十年里，举办过大型综合体育赛事的城市都提升了城市的知名度，成了世界文化名城，如北京、深圳、广州、南京等。

大型体育赛事在很大程度上依赖于城市的主体与相关产业集群、产业链和产业体系，这些大型体育赛事必须以相关产业的发展与产业集群的集中运作和展示为基础。同时，我们也可以利用这个平台向世界展示城市的发展成就，利用竞争的互动效应促进城市的可持续发展，提升城市形象，塑造城市品牌。产业规模、经济发展水平和城市形象是决定城市经济效益的重要因素，有助于促进城市体育产业功能区或集群区的形成和发展。根据历届大型体育赛事的举办情况可知，其都备受瞩目并且具有非常强的参与性，对于赛事需要的场馆、物资、交通、服务等的要求都非常高，申办成功的赛事举办地需要实现这些高要求，就会新建或者扩建城市的基础设施。这会促使城市系统更加完善，保障城市的可持续发展，并且可以集中政府的资源，突破城市发展的临界点，开发更大的发展空间，产生城市质的飞跃。因此，城市发展需要大型体育赛事作为重大特殊事件成为一个新的增长点。

（三）城市产业发展水平取决于体育赛事的举办规模和水平

大型体育赛事在促进城市产业发展的同时，城市产业发展水平也决定着大型体育赛事的规模。无论是产业本身还是大型专项赛事，如大型体育赛事，资源要素都是发展的基础。在大型体育赛事的发展理念中，所需的资源要素一般是资本要素和劳动要素，这两个因素也制约着大型体育赛事的举办水平和规模。举办城市主要就是为举办大型体育赛事提供这两种资源。因此可以说，城市的产业发展水平决定了举办大型体育赛事的水平和规模。体育赛事作为文化产业和体育产业中的重工业，尤其是大型体育赛事往往具有很大的资本密度。比如奥运会、亚运会、世运会、世界大学生运动会、青年奥运会等大型体育赛事，它们的直接投资基本上都在1000亿元以上，因此大型体育赛事对资金的需求非常大。在体育产业和文化产业中，体育赛事具有很大的资金需求，是其他体育产业和文化产业所无法比拟的。

大型体育赛事的资金需求如此之大，是因为体育赛事以体育为核心，通过人与场所的互动形成整个体育赛事体系。要使最终的产出成为世界级的、高度观赏性的体育竞赛和赛后遗产，需要各种人力、物力和财力资源。整个体育赛事从赛事开始到赛事的运作，再到赛事后的传承运作，都必须依靠主办城市和城市的相关产业。大型体育赛事在赛前筹办阶段，需要建设比赛场馆和运动员村等相关项目，同时也需要改善赛事举办地的基础设施，比如交通、通信等。这些项目不论是新建、改建还是扩建，投入的资金数额都较大，周期也较长，其所涉及的部门、行业也较多。所以举办一项大型体育赛事需要举办城市各个产业之间的协调配合、强大的产业链以及经济实力，才能提供基金支持、物资支持以及相关的人力支持，最终完成这些项目以保证赛事的顺利举办。

五、体育赛事产业对城市产业发展的效益

城市发展需要通过体育赛事来展示城市的发展成果与特色魅力，同时城市文化方面的发展也需要体育赛事来增添色彩。大型体育赛事深受人们的喜爱，举办大型体育赛事已经成为很多城市提升自身竞争力的主要方式之一。

（一）经济效益

1. 促进经济增长

大型体育赛事虽然只有不到一个月的举办时间，但其前期筹备时间基本需要4～7年。在此期间，举办城市将会进行大量的投资和广泛的宣传，包括新场馆的建成、基础设施的升级以及旅游景点的开发等。会有来自世界各地的运动员以及相关的工作人员前来参赛，也会吸引来自全世界各地不同文化背景的体育爱好者前来观赛和旅游，比如像奥运会、世界大学生运动会、青年奥运会等大型国际赛事的参赛人数均在10000人以上。大型体育赛事能够在较短的时间里聚集大量的人来到赛事的举办地，这将会加快交通运输业、餐饮住宿业、旅游业等第三产业的扩张速度，有助于人力资本和第三产业在短时间内聚集。相关工业企业的涌入可以在短时间内造成城市的集聚效应，极大地刺激了城市的消费与投资需求，而消费是经济增长的主要因素之一，只有随着消费能力的不断提高，城市的经济才能够得到不断的发展。因而大型体育赛事的举办增加了城市的消费需求并增加

了第三产业的扩张速度,从短期来看,城市的消费能力和生产力水平的实质性提高也将会促进城市经济的增长。

2. 促进旅游业发展

在现代社会中,每一个城市的旅游资源都各具特色,特别是随着人们生活水平的显著提升,旅游产业的发展已成为大势所趋。再加上当前很多城市有独特的地域文化、民族风俗等,此类历史文化资源对广大游客有较大的吸引力,并逐渐形成独特的旅游资源产品。但不容忽视的是,在发展各地区旅游产业的进程中,越来越多的城市走向了趋同化,主要体现为在旅游产业发展进程中相关政策和措施有较强的趋同性。这也导致不同城市除了必要的旅游资源产品以外,在其他领域缺少对广大游客的吸引力,不利于该地区旅游产业的全面发展和可持续发展。由此可见,利用体育赛事强化体育产业的经济作用能够全面助力地区旅游产业的发展,可以以体育赛事为产业发展的新亮点,进一步吸引该赛事的受众群体以及游客到本地区观看体育赛事。与此同时,也有较多运动员会在比赛期间来到该城市开展一系列活动,如参观、旅游、购物、住宿等,可将此作为旅游产业的新的增长点,也能助推城市经济的发展。

3. 促进广告传媒业发展

在大型体育赛事的前期阶段,吸引参与者和游客需要很长的时间。为了有效、广泛地宣传体育赛事,政府必须对地方广告传媒业有严格的要求,同时也需要大量的广告传媒企业来推广大型体育赛事。为了获得更多的利润,企业还将积极提高企业的管理水平和服务质量。举办赛事期间,大型体育赛事将直接提高当地广告传媒业的服务质量和宣传水平,促进广告传媒业的发展。行业整体发展水平的提高将在竞争后继续突显,促进城市经济的发展。

4. 促进交通运输业发展

大型体育赛事对交通条件提出了更高的要求。在举办大型体育赛事之前,为了提高参与者和游客的体验,并给来到这个城市的参赛运动员和游客留下良好的城市印象,组织者将改善城市的基础设施,以提高交通运输效率。运输效率的提高意味着运输行业服务质量的提高,更高的效率自然会导致服务量的增加。从这个角度看,大型体育赛事的举办极大地促进了交通运输业的发展,提高了整个城市的交通运输效率。

（二）社会效益

1. 促进城市品牌形象的提升

城市品牌是一个虚拟的概念，但它是真实的。不同城市会根据自己的发展战略塑造城市形象，并通过一些宣传手段传播给人们，从而形成城市品牌。城市品牌有很多内涵，不仅包括城市的独特文化，而且还包括城市的发展战略和方向，树立良好的城市形象会让人们心生向往。随着社会的发展和进步，体育赛事作为一种文化产业，在人们的生活中发挥着不可替代的作用，就像社会文化、艺术和历史一样，它们共同塑造了城市的形象。举办大型体育赛事可以大大改善城市的整体面貌，赛事举办期间，媒体的关注和报道展现了这座城市的魅力和形象。此外，举办大型体育赛事不仅可以促进城市经济发展、改善城市基础设施，而且对提升城市形象，包括绿化美化城市环境、提高市民综合素质都有很大的作用。为了成功举办大型体育赛事，政府和组织者一定会下大功夫；赛事一旦取得巨大成功，无疑将进一步提升城市形象。

2. 促进城市基础设施建设

一个城市的基础设施对一个城市起着基础性的作用。一个城市能否发展好，取决于一个城市的基础设施是否完善。对于生活在城市中的人们来说，城市的基础设施决定着他们的生活质量和生活方式。对于一些大型体育赛事来说，往往需要大量的投入才能保证赛事的成功举办，其中最重要的一个环节就是基础设施的建设和完善。它不仅包括各类体育场馆的建设，而且还包括相应的配套服务设施建设，大部分是在体育赛事举办前几年的筹备阶段进行的。基础设施还包括城市交通设施、旅游设施等城市生活公共设施。为了举办大型体育赛事、提升城市形象，主办城市肯定会完善相关基础设施，包括为参赛者和物流人员提供服务的各类配套设施。因此，举办大型体育赛事可以极大地促进城市的基础设施建设。

3. 助力挖掘体育产业经济发展亮点

因为体育赛事大多并不限于一次比赛，往往包含多个体育项目的角逐，期间也可以进一步鼓励和号召民众坚持锻炼，提升自身身体素质，并针对各类新兴的体育项目进行有效尝试。因此，体育赛事的举办对体育产业经济发展有重要的推动作用。例如，我国于2022年举办了冬奥会，冬奥会的具体承办地点为北京和张家口。这样的体育赛事也给京津冀地区的人民群众带来了更多的机会，越来越多的人尝试学习冰雪项目、了解冰雪项目。因此京津冀地区各类冰雪项目场馆和基地等得以建设，越来越多的游客和居民也愿意购买冰雪项目类相关产品，此种形式有利于进一步发挥体育产业的经济发展作用。

第二节　国内外体育赛事产业的发展

一、西方体育赛事产业的发展

（一）西方体育赛事产业的业态主体

西方发达国家体育服务与产品消费在体育消费结构中的比重均已超过50%，以体育赛事观赏与休闲健身等方面的消费为主。作为职业体育服务产业的重要方面，职业体育赛事是西方体育赛事产业的主要内容。职业体育联盟是美国负责职业体育赛事的主要机构，也是市场上职业体育竞赛产品的唯一生产者。在西方职业体育发达国家，职业体育赛事的赛季现场观众可占总人口的10%甚至1/4，如美国四大联赛和欧洲五大足球联赛。

当前，美国是全球体育竞赛表演产业最发达的国家，其体育竞赛表演产业的GDP比重达0.5%。2014年美国四大职业体育联盟（NFL、MLB、NBA、NHL）的产值之和高达260亿美元，占体育竞赛表演服务业总产值（369亿美元）的70%。职业体育赛事产业也是英国体育产业的主导产业，英超联赛已经成为欧洲五大顶级足球联赛的引领者。2011～2012年赛季，英超联盟的主营业务收入达12.55亿英镑，占英超各俱乐部总收入（23.6亿英镑）的44%。职业体育赛事是市场经济与体育价值相结合的产物，是体育发展的高级阶段，是职业体育商业化、市场化发展的结果。由此可知，职业体育赛事是西方体育赛事产业的业态主体，也是西方整个体育产业赖以生存和发展的基础。

（二）西方职业体育赛事产业的市场逻辑

以现场竞技表演为基本特征的职业体育赛事是西方体育赛事产业发展中真正意义上的"商品"。从西方职业体育的发展实践看，项目协会实体化及联盟高度自治、电视转播市场化、体育博彩业是职业体育赛事的核心产业支撑。项目协会实体化及联盟高度自治保证了联盟与俱乐部的利益，以及联赛的垄断性与产品质量；电视转播扩大了联赛服务人群的特点，极大地提高了职业体育赛事的市场效率，进而提高了联盟、俱乐部等相关主体的收益，最终推动联赛项目发展和联赛质量提升；比赛结果的不确定性促进了体育博彩业的产生与发展，而电视转播与新媒体发展扩大了体育博彩业的参与和消费人群，将一部分非体育迷纳入其中，再次提升产业生产效率，扩大联盟、俱乐部等相关主体的收益，进而吸引更多资本投入联赛质量的打造与提升上，最终实现产品（赛事）质量最优化、生产者利益最大化、消费人群最广化，形成良性循环发展。

1. 项目协会实体化及联盟高度自治是职业体育发展的前提

作为属于非政府社会公共体育组织的运动项目协会，负责运动项目的开展、组织与管理，通过规则和标准的制定，致力于项目的普及、推广和竞技水平的提高，为运动项目的开展提供专业化、标准化和规则化保障。职业体育联盟是由职业体育俱乐部业主代表组成的执行委员会，该联盟采用投票制度对俱乐部或联盟的重大事项做出决策。项目协会和职业体育联盟职能划分明确。运动项目协会主要负责组织国际性重大比赛活动，制定政策法规和规则，对职业联盟的工作进行监督和指导。职业体育联盟具有"卡特尔"企业性质，在高度发达的自由市场机制和技术条件下，追求职业体育俱乐部共同利益最大化。

运动项目协会及职业体育联盟都以实体化运营为基本前提，职业体育联盟按照企业组织结构由股东大会、董事会、理事会和具体管理执行机构组成。美国职业体育联盟既是体育竞赛的组织机构，又是市场竞争的商业组织。西方体育联盟或项目协会是一个利益协调的"卡特尔"，可以看作是体育赛事产业的行业管理主体。联盟遵循各项法律制度与规范，按照市场经济规律自主经营，对职业体育发展具有重要作用。联盟具有高度的自治权，通过控制准入标准，制定运动员转会制度、选秀制度、运动队工资总额制度等，严格控制内部的俱乐部数量、俱乐部区域分布、比赛数量等，促使俱乐部之间形成均衡竞争，使竞赛更为激烈且结果更具不确定性，以保证赛事的稀缺性及质量，有效避免俱乐部间的恶性竞争，维护联盟整体利益。较为典型的是 NBA 职业联盟通过劳资协议维持联盟整体的竞争平衡，并一直保持 30 支俱乐部的规模和相对稳定的联盟体制。项目协会实体化及联盟高度自治保证了联赛的专业化、稀缺性与竞赛产品质量，在西方高度发达的市场机制和社会技术支撑条件下，形成了稳定的、市场自驱的循环市场体系。

2. 电视转播市场化是提高职业体育市场效率的必要条件

随着电视转播技术的出现和升级，赛事服务对象开始从现场观众扩大到全球观众，体育消费者从现场最多数万名飙升至数百万、数千万甚至上亿名的规模，劳动生产率及市场效率都被极速提升。同时，随着电视转播市场的发展，各电视台等媒体公司通过市场竞争购买职业体育赛事转播权，扩大了赛事服务范围和市场空间，成为体育联赛的主要收益来源。如英超、温网、NBA等职业体育赛事的电视转播权收入占整体收入的40%～50%。英国德勤咨询公司发布的《2019年足球金融报告》显示，英格兰足球超级联赛俱乐部和联盟的收入超过一半来自电视转播权销售。为保障职业体育联盟的内部平衡及整体利益，1961年，美国国会批准联盟与电视台进行转播权的整体销售，赋予联盟在电视转播权上的反垄断豁免权，从而保障每个俱乐部都能获得可观的电视转播收入。联盟及各俱乐部收入的增加促使它们加大对产品（赛事）的投入，进一步提高产品（赛事）质量，共同推动联盟与项目的良性发展。由此可见，电视转播市场的充分市场化竞争，是职业体育赛事产业发展的重要条件。

3. 体育博彩是西方职业体育发展的重要动力

职业体育比赛结果的不确定性、联赛竞赛产品的稳定性供给，为人们的博彩行为提供了理想载体。1921年，英国政府批准成立了第一家博彩公司，随后在全国发行彩票。随着职业体育的发展，越来越多的运动项目加入体育博彩中。受比赛观赏质量、巨量人群关注的规模效应、结果不确定性等的影响，体育博彩始终或明或暗地伴随着职业体育发展。电视转播及互联网技术的发展又进一步拓展了体育博彩行为的信息时空，极大促进了体育博彩业的快速发展。

据调查，在职业体育快速发展的20世纪70年代，有63%的美国人参与体育博彩，到1999年增加至86%，居民个人用于体育博彩的消费从占个人收入的0.3%增加到占0.74%。美国博彩协会的数据显示，美国体育博彩市场在2018年的收入涨幅接近65%，达4.3亿美元。德勤公司指出，在电视上观看体育比赛的人对体育比赛结果下注越频繁，就会越关注和观看电视体育比赛。电视转播及互联网技术的发展促进了体育博彩业的发展，而体育博彩业的发展又进一步扩大了电视转播市场的关注人群，从而将更多的体育迷与非体育迷潜在消费者吸引至电视平台，提高了体育比赛电视转播的商业价值。美国篮球职业联赛NBA的球迷群体中有很大一部分是出于对体育博彩的需要，而非对职业体育比赛项目感兴趣。体育博彩具有赌博性质，在各国不同的法律规制下发展形势和空间存在差异，但体育博彩行为始终与职业体育发展紧密相连，能够对职业体育的市场效率进行二次提高，是职业体育赛事产业发展的重要驱动力，已经成为诸多西方国家体育经费的重要来源。为此，以美国职业篮球联赛等为代表的诸多项目，正加快体育博彩业的规范化及合法化进程。

二、中国体育赛事产业的发展

（一）中国体育赛事产业的核心业态

由于缺乏职业体育赛事发展所必需的核心支撑要素和相应的业态生成逻辑体系，我国的职业体育难以形成自有的循环体育市场产业链条。我国体育赛事产业的日常市场业态主体主要指各类非职业体育赛事。在我国已颁布的《国务院关于加快发展体育产业促进体育消费的若干意见》（国发〔2014〕46号）、《关于加快发展体育竞赛表演产业的指导意见》《关于加快发展体育产业促进体育消费的实施意见》及各个地方政府制定的"体育产业引导资金""体育产业基地"等各类行政规范性文件中，各地方政府重点发展的体育赛事、体育竞赛表演产业，都侧重指在同一区域一次性或者连续举办的各类非职业体育赛事活动。由于缺乏体育赛事经济效能释放的产业链系，此类体育赛事的经济属性弱，仅涉及部分一次性体育市场消费环节，产业链拉动效应有限。由此也可从侧面得知，我国职业体育联赛规模较小，经济影响力不大。我国运行最好的四大联赛（CSL、CBA、CVL、CTTSL），一个赛季现场观众数仅占全国人口的0.59%，职业体育赛事及其服务难以成为当前我国体育赛事产业发展的主要业态。非职业体育赛事大多具有公共体育服务和准公共产品属性，产业属性较弱，难以印证"体育赛事产业是体育产业整体各产业体系中产业拉动度和影响度最高的板块"这一理论逻辑。实际上，现阶段以地方政府为主导、城市营销为驱动的泛体育赛事体系构成了我国体育赛事产业的核心业态主体。西方职业体育赛事产业的运行逻辑和思维惯性与我国体育赛事产业的实际不相符，对于我国非职业体育赛事产业而言，存在产业逻辑与市场实践上的双重冲突。

（二）中国体育赛事产业发展的逻辑解构

以职业体育为核心业态主体的产业实践依赖于西方特定的经济与社会现实，其业态自塑和发展循进在一定程度上可以说是不以人的主观意志为转移的客观过程。我国当前以各类非职业体育赛事为主体的体育赛事产业形态，同样具有自身产业驱动逻辑上的业态合理性和市场现实性。不同于西方自由市场机制驱动下的职业体育赛事业态和产业逻辑，从理论分析与实证调查两个方面来看，在我国，地方政府竞争是中国泛体育赛事业态现实和产业逻辑形成的理想分析视角。借助该理论分析框架及调查研究发现，地方政府竞争、城市地区营销及体育赛事的高传播属性构成并有力解释了我国体育赛事产业主体业态体系和市场运行的核心逻辑支撑。需要说明的是，以区域营销为基本背景和主要动力的体育赛事产业推动逻辑与我国当前体育赛事市场化的趋势并行不悖，是对我国体育赛事产业驱动逻辑的现实梳理和理性探索。

1. 地方政府竞争

地方政府竞争是我国体育赛事产业发展的潜在动力。地方政府竞争是理解中国地方政府行为，尤其是中国地方改革与治理模式的重要维度。地方政府竞争被普遍视为中国改革开放以来经济发展的重要动力。在地方政府竞争中，增长竞争理论是解释中国当前经济与社会发展模式动力的科学视角。中国地方政府竞争产生的最直接原因是中央政府的增长考核机制，而中央政府考核最常采用、最有效的方法就是经济指标，主要通过就业、增长、税收等经济指标来间接评价地方政府效能和发展绩效。在城市地区的发展中，资本、人才、技术、信息等各类资源对推动城市地区的经济与社会发展具有决定性的影响和不可或缺的作用，成为各地方政府的普遍性需求。受资源稀缺性与流动性的影响，各地方政府在资本、人才、技术、知识等推动城市地区发展的各类资源方面存在着多维竞争关系。各类资源供给主体对不同城市地区的认知存在信息不对称性，在地方政府竞争的推动下，聚焦城市形象改善和品牌提升，影响各类城市发展资源的定向有序配置。

在体育赛事高聚焦传播功能及国际城市发展案例的影响下，体育赛事成为各城市地方政府改善地区形象、提升城市品牌的有效手段和公共理性选择。虽然大型体育赛事推动举办地区直接经济增长的论断存在较大争议，但是大型体育赛事对于提高城市品牌影响力、改善城市形象、增强居民认同感却是不争的事实。中国地方政府之间的资源竞争关系是中国体育赛事勃兴的主要动因，成为催生区域体育营销需求、推动中国体育赛事产业发展的潜在动力。

2. 城市品牌营销

城市品牌营销是中国体育赛事产业发展的直接驱动力。在地方政府竞争的驱动下，由于资源配置与城市属性之间信息认知的非对称性，城市地区的初始形象与品牌认知对各类城市发展资源要素的定向配置起到了至关重要的作用，由此催生了各地方政府提升城市形象与塑造城市品牌的内在需求。城市品牌营销是提升城市形象与塑造城市品牌的重要方式。地方政府为促进城市发展，逐渐从城市管理者的身份向城市经营者的身份转变，采用各种营销策略促进城市的品牌塑造和形象改善。

为提高城市的吸引力、竞争力和认知度，各地区地方政府具有塑造城市品牌形象的需求，进而催生城市营销。在国际城市发展案例、理论支持、体育行政部门信息传递等的推动下，在实践中，地方政府往往通过政府投资主办、体育产业引导资金扶持带动、体育赛事活动奖励办法文件、鼓励地方国企投资等多种直接和间接的方式，推动区域内体育赛事的举办，以增强区域城市活力、改善城市形象、推广城市品牌，达到吸引发展资源、推动城市发展的目的。在全国各地方的调研中，体育赛事服务城市地区营销的理念得到了有力实证。在我国各地方体育行政管理部门的管理实践中，一般体育部门由分管宣传的地方领导管辖，这也是出于利用体育推进区域宣传营销的需求，同时也印证了体育赛事服务地区品牌营销的逻辑。

3. 赛事传播功能

地方政府以大型体育赛事促进城市营销的策略是公共理性与效率选择的结果。大型体育赛事对举办城市塑造城市形象、传播城市文化、展现城市风貌等具有特殊功能，是最具效率的城市营销工具和传播平台。大型体育赛事具有无与伦比的国家地区形象塑造与文化传播价值，通常是一般传播载体或媒介所无法比拟的。大型体育赛事作为一种特殊的、综合的文化呈现形式，能够使观众在轻松、愉悦的氛围中接受体育赛事所传递的信息内涵和价值观，这是其他传播媒介所不具备的。体育赛事的亲和性、活力及传播性使其成为一种有效的、具有渗透力与潜移默化性的柔性区域形象传播手段，能够让投资者、游客及居民等在不知不觉中甚至是一种自觉意识中认识、了解，乃至接纳这个城市。体育赛事、体育俱乐部及体育场所对城市形象塑造意义重大，为城市品牌营销创造了条件。地方政府把体育赛事活动的举办看作城市发展的催化剂，积极举办各类赛事活动，以此来推动区域经济增长。

第三节　现代体育赛事的营销策略

一、提升城市体育品牌知名度

各城市在承办体育赛事期间，可以与各类广告进行紧密融合，不仅能够提高相关品牌的知名度，而且也可以通过流动化宣传的方式提高相关赛事的知名度以及扩大其在全社会范围内的影响力。例如，在某地区举办马拉松赛事时，可以邀请马拉松顶尖选手以广告的形式对外进行宣传。其中可以广泛应用电视、现场以及网络化途径加大对赛事的宣传力度，提高社会公众对于该体育赛事的知晓率，为城市带来更多的游客和经济发展点。

此外，在开展体育赛事时也可以着力实现跟踪报道和直播，既展现了城市的精神面貌，也能向外界彰显城市的管理效果和赛事组织水平，为该地区体育产业经济的发展奠定良好基础。其中可以广泛应用重要节日等号召体育赛事的游客和观众参加集体爱国活动，既增强了体育赛事的仪式感和责任感，也能进一步增加人民群众的爱国热情，扩大体育赛事的影响力，推动体育产业经济迅速发展。

二、改进体育赛事的价格策略

（一）适当加大政策和资金扶持力度

赛事价格策略是体育赛事营销中的关键策略之一，它代表着赛事产品和服务可表示的货币数量以及体育组织所能获得的收入情况。赛事价格的确定不是简单的数字确定，与目标消费群体的需求、产品成本、产品生命周期、市场竞争力、组织目标、消费者心理认知等因素都有关。基于现阶段我国体育赛事由政府主导、委托体育运营公司或其他相关组织单位执行的特点，无论是国家级赛事还是省、市级地方性赛事，都离不开与体育局的沟通、协调，赛事的执行中介不具备赛事所有权，不比市场主导型的体育赛事。因此，在整体上，各级体育相关行政管理部门可加大对赛事的资金扶持力度。经过科学研究可知，应构建精细化的科学定价服务体系，减轻消费对象的赛事消费负担，保持其进行赛事消费的热情。

（二）产品生命周期内差异化定价

由于体育赛事产品的非反复性，其进入和退出市场均较快，所以需要周密的调研和计划，针对不同生命周期的赛事产品制定不同的定价策略。

产品生命周期导入期和成长期的定价策略如下：导入期从运用渗透定价过渡到君子定价策略，即先采用低价慢取利、广渗透策略占领市场，获得市场主动权；再采用赛事组织方和消费方都满意的不高不低、合理温和定价策略，既能稳定导入期的消费群体，又能实现赛事营销进一步站稳市场，扭亏为盈。待赛事产品进入成长期再采用价格歧视定价策略，以此将赛事中不同特征的消费群体分层并进行差别定价，找到最佳合理价位。

三、改进体育赛事的渠道策略

（一）渠道设计突显人文关怀

体育赛事消费者只有在便捷的消费条件下才会进行消费，所以创造良好的消费直销和分销条件是极为必要的。直销方面，一是我国体育赛事仍需进一步减少赛事消费者在时间、精力和经济方面的消耗，使消费更便捷化，减少体育赛事消费体验负面情绪；二是将赛事影响力和城市发展更加密切地结合，如城市代表性地标赛事选址、城市旅游消费赛事包等；三是更多站在赛事消费者的角度，结合当地风俗和消费习惯，更科学、严谨地选择赛事举办的最佳时空范围。分销方面，完善现有且仅有的网络渠道分销报名服务系统，尽可能简化操作流程。如对连续参赛的运动员设置单独的赛事快捷报名通道，根据历史技术水平和参赛成绩随机获得赛事晋级或"复活"的资格，或者提供融合运动理念元素和赛事举办地的特色纪念伴手礼，还要及时进行且必要的赛事品牌忠诚度维护工作并给予人文关怀。

（二）加强赛事网络渠道建设

借助多媒体数据平台高效、实时的特点，一方面可研发适用于各级各类体育赛事的网络自媒体平台。由于体育赛事的目标受众主要为中青年群体，且人口质量较高，拥有较强的新事物接受能力，结合健身的特色服务理念创新使用现代自媒体技术，有助于实时更新赛事数据信息，提高赛事网络渠道营销效率，增加赛事无形资产知识产权，促进赛事品牌理念宣传，扩大受众范围。另一方面，网络渠道建设和研发用于应对不可抗力情况下赛事的正常开展很有必要。比如2020年新冠肺炎疫情影响下，国家体育总局社体中心若要主办赛事就需要完善的网络报名系统、诚信参赛检测系统、公平电子评分系统和赛后权益维护系统等网络渠道配套系统的支持。

四、转变以往体育赛事的成本结构

我国很多城市申请或承办体育赛事时，需要将其与体育产业经济进行有效融合，探索和创新体育赛事的成本结构，始终坚持在政府的统一引领下，充分发挥市场经济和企业的作用，切实打造群众积极参与的综合性申办格局。与此同时，也可以积极吸引各类社会资源和社会力量参与进体育赛事的成本模式之中，实现政府、企业和群众三方共赢。

当前，很多城市会希望承办吸引力更大的体育赛事，如足球赛、篮球赛、马拉松比赛等，此类体育赛事的比赛项目能够与各地区城市形象实现统一。在承办体育赛事时，也可以进一步提高城市的综合竞争力以及改善城市形象。虽然此类大型体育赛事虽然前期投入成本较高，需要进行基础设施建设或体育场馆建设，但是随着赛事举办频率的不断升高，城市对于体育赛事的举办经验会逐渐增加并完善，后续的成本投入会逐渐降低。这也体现了体育赛事对体育产业经济的重要推动作用。在体育赛事承办期间邀请体育企业进行冠名，同时也可以吸引其他领域的企业进行冠名，不仅能够提高企业产品的知名度，同样也能帮助各类企业塑造品牌形象。

五、大力发展自然、生态、绿色体育产业

现如今，我国越发重视可持续发展和绿色生态产业的革新，在体育产业领域同样如此。体育赛事的承办及其推广往往需要借助较强大的广告与宣传力量，对此可以应用绿色、自然、文明、生态等新型发展理念，在城市化进程以及体育产业经济发展中融入新元素和绿色元素，关注自然生态，强调资源的可持续利用，在保证城市体育产业经济发展的同时，确保能够有效保护自然生态环境，为城市的发展奠定良好基础。

六、加强数字化技术在体育赛事营销中的应用

（一）加强市场监管，保护知识产权

政府部门加强体育赛事数字化营销相关法律法规建设，加强对相关知识产权法和反垄断法的建设，通过法律的强制性来阻止企业进行非法活动；对市场的资源配置进行优化，禁止企业对市场赛事资源进行垄断，防止企业之间进行不正当竞争，并且对恶意竞争和侵权的企业进行严厉的打击。企业树立版权保护意识，构建版权保护体系，通过签署协议、购买正规版权、申请专利等方式强化对体育赛事赞助权、转播权等无形资产的保护，维护自身产权利益；通过开发信息化数字技术的手段，如大数据监控、云计算、区块链等技术加强体育赛事数字信息安全工作建设，打造绿色网络竞争环境。

（二）整合多方资源，建立合作机制

各体育赛事营销企业应培养合作共赢的理念，勇于尝试多领域、多文化协同

模式，尝试"体育＋数字化"跨界合作。通过数字产业和体育赛事营销产业的融合发展，整合多方资源，利用多平台的优势创新赛事营销模式和传播方式，培育和孵化新的营销传播平台。例如，与抖音、快手等短视频直播平台签订合作协议，扩大营销的用户范围；通过开发观赛交流社区平台，实时了解用户动态，从而创造迎合客户需求的内容；以中国庞大的电商——在线支付、物流产业为支撑，利用赛事本身的影响力、运动员的明星效应开展周边产品的电商网络营销。企业通过建立合作机制整合多方资源，逐渐形成一套以虚拟产品（赛事）为核心，辅以体育、平台相关虚拟产品（如直播道具、礼物打赏等）和实体产品（如体育服装、纪念品等）的支持体系。

（三）融合营销场景，打造动态化内容平台

目前，越来越多的企业和赞助商愿意通过数字体育营销场景建立与体育用户的连接，寻求与体育用户中的目标消费者进行良好的沟通。对企业和赞助商来说，首先要找到实体营销和线上营销的结合点，将体育用户的消费环节进行拆解，并分别将他们呈现在两种场景中，发挥各自的功能。

其中，虚拟场景主要是获取体育用户，而实体场景主要是让体育用户真实体验，并且实体场景可以借助虚拟场景部分的入口完成消费者流量的转化。借助数字技术，企业和赞助商可以在两种场景中与体育用户互动，获悉体育用户的需求，增强消费者体验感，提升用户对线上虚拟场景的信任度。通过实体场景和虚拟场景结合的优势，打造动态化赛事内容平台，如在线论坛、赛事直播点播、资讯网站等提升用户观赛和消费体验，挖掘出消费者的情感消费动机，使其在理性购物之外进行打赏性消费，通过类似的手段与方法挖掘出用户多种消费偏好。

（四）深入开发赛事 IP，打造完整产业链

完善体育赛事上、下游及周边产业链合作机制，以体育赛事 IP 价值链为主导提升体育赛事产业链的整体价值，打造以体育赛事本体为主的上游产业链，以数字技术为载体的中游产业链，以企业赞助、广告宣传、赛事无形资产为外围的下游产业链。鼓励供给链主体进行多领域合作，通过数字技术平台对多元化、个性化、优质化产品内容进行生产及推送，不断提高需求链匹配能力。

除此以外，体育赛事 IP 本身具有一定的产业联动效应，通过深入开发赛事 IP 价值不断增加变现手段，加强体育赛事产业和数字产业之间的有机融合。总的来说，通过数字技术打通企业、赛事方、用户、平台之间的连接，以用户为核

心、以赛事为基础、以数字化平台为载体，完善产品种类、提升赛事质量、升级用户体验、加强用户黏性，以此来建立完整的体育赛事产业体系，改善目前体育赛事产业盈利少、盈利难的现状。

（五）培养专业复合型人才，发挥人才优势

在体育赛事数字化营销的进程中，应当重视对专业复合型体育赛事数字化营销人才的培养。从教育的角度来说，体育赛事数字化营销领域培养的人才应当既具备营销专业知识，又要具备体育赛事专业知识，更要具备一定的互联网创新创业能力。在快速发展的数字化时代，首先，要提高人才引进标准，根据营销需要有针对性地培养和引进高精尖人才，扩大体育赛事数字化营销的人力资源规模；其次，通过绩效评估对体育赛事数字化营销的创新人才不断进行激励，鼓励他们开拓营销思路、创新营销方式，充分挖掘年轻职工潜力，发挥新一代人才的创新力、想象力，从而创作出更加优质的体育赛事营销内容，提高体育赛事数字化营销的人力资源质量；再次，要建立互联网企业与高校共同培养复合型人才的模式，加强校企合作，为人才提供实习和就业岗位；最后，不断扩大和更新人才库，为发展注入新鲜的血液，优化体育赛事数字化营销的人力资源管理系统。

第六章　现代休闲体育旅游产业的发展

21世纪，休闲体育产业与旅游产业的融合将是经济发展的一大趋势。习近平总书记强调"没有全民健康，就没有全民小康"，相关文件的下发也促进了休闲体育旅游的发展，这为休闲体育旅游产业提供了巨大市场。本章分为休闲体育旅游产业概述、国内外休闲体育旅游产业的发展、滨海休闲体育旅游产业的可持续发展三部分，主要包括休闲体育旅游产业相关概念、休闲体育旅游产业的价值、休闲体育旅游产业的特征、国外休闲体育旅游产业的发展、国内休闲体育旅游产业的发展、滨海休闲体育旅游产业的"竞合"发展原则等内容。

第一节　休闲体育旅游产业概述

一、休闲体育旅游产业相关概念

（一）体育产业

体育产业可以从狭义和广义两个角度进行解释。一般来说，狭义的体育产业就是利用体育产品形成的一种特殊的服务行业，既可以参与市场的相关竞争，又能够因此获得相应的经济收益。广义的体育产业则是在狭义体育产业的基础上进一步扩展，指一切与体育事业相关联的生产经营活动，其中主要包括生产性活动与经营性活动、物质产品与文化产品等。

依据我国相关统计数据，并结合《体育及相关产业分类》条例规定可以发现，体育产业还可以具体地定义为，能够向全社会进行体育产品经营以及服务的具体项目，同时涵盖了这些项目上下游产业链的集合。体育产业主要包括体育服务活动、体育用品产业活动和体育建设活动等。而根据其性质、功能的不同，体育产业也有不同的分类,其中主要有以下几种划分:体育管理类、竞赛表演类、休闲健身类、体育服务类、体育培训类、体育场地设施建设类等。体育产业已是我国经济体系中的重要一环,对扩大体育产业规模、促进体育产业多元化发展、创新体育产业的融合发展渠道能够起到推动作用,这是产业创新的具体体现,同时也是发展体育事业的必然途径。

(二)旅游产业

随着国内经济生产总值的快速增长、交通运输方式的革新以及其他基础设施的快速建设,人们的生活模式随之转变。旅游具有不同于传统休闲模式的新理念和新思路,成为人们在闲暇时间里首选的一种休闲手段。这不仅代表着物质生活水平的日益提高,同时也是追求精神文明的象征。在伦德伯格的观点中,旅游产业是一个相对庞大的综合体系,一方面,既能够形成一个完整的生产产业链,使旅游产业能够带来更多的经济收益;另一方面,也能够促进游客、交通、食宿等相关市场主体紧密联系,形成一个完整的服务体系。他还积极地从不同的方面进行分析,他认为从狭义上来说,旅游业就是通过旅游这一基础业务来满足游客的基础需求。以中国的市场为例,旅游业主要是旅游过程中相关的食宿、交通以及周边产品的买卖等行业。从广义的层面进行分析,他认为旅游业涵盖各行各业,旅游产业在推动经济发展、社会进步的同时,还可以促进外汇收入的增加,同时也能够进一步刺激当地居民消费,从而促进相关产业的发展进步。旅游产业当前也进一步地通过缩小城乡差距带来就业上的机会、经济上的增收,积极助推落实当前中央"六保六稳"政策、维护社会稳定、增加文化交流,从而整体推进国内社会持续向好向快发展。旅游产业在当前社会主义市场经济建设中的地位占比不断加大,与人民群众日常生活的联系也越来越紧密。

(三)体育旅游

体育旅游不仅仅是对旅游业的简单概述,而且还掺入了体育元素,所以具有复杂多样性。体育旅游可以理解为体育与旅游结合,从而达到康养休闲目的的一种健身或旅行方式,也可以更进一步理解为群众为了满足自身体育需求,通过离开日常居住地外出旅游的形式,在旅游过程中观看体育表演、参与体育活动、进行体育文化交流等社会活动,使身心得到放松,促使社会文化进一步丰富。从学术角度进行分析,可以认为体育旅游在根本上还是旅游学的一种具体发展。它的具体理论支撑涵盖管理学、营销学等各方面,而社会体育学、体育管理学等体学学科也为完善其学科框架、丰富其学科内容提供了重要的理论支持。

国内外专家、学者将体育旅游作为一门整体学科进行研究的时间并不长，到目前为止，对其尚未形成较为统一的定论。但是，通过整理大量的研究文献发现，体育旅游的具体定义以及相关的概念阐述不尽相同，而且各有侧重，但经过进一步整理和归纳可以发现，在对空间地域、产业归属以及参与动机的具体分析过程中，不同的学者也有了相对一致的论调。在空间地域上，不同的自然资源、人文风俗使得体育旅游具有差异性、独特性；而在产业归属层面，体育旅游被定义为体育业与旅游业深度融合的产物；参与动机更是作为一种独特的辨识标志，从而使体育旅游区分于传统的旅游体育。

（四）休闲体育旅游

要想真正理解休闲体育旅游的概念，首先必须了解"体育休闲"与"旅游"的内涵。"旅游"在《辞海》中的释义为：旅行游览，长期寄居他乡。休闲体育旅游的本质是人们为了追求心中所想而选择可以放松身心、娱乐休闲的旅居四方。事实证明，"体育休闲"和"旅游"的目的有着高度的相似性，其都是为进行休闲、娱乐和追求愉悦的情感而进行的生活方式。

西方学者通常对休闲与旅游之间的关系普遍持有这样的观点：休闲分为两个部分，即本地休闲和异地休闲，旅游是一种异地休闲。如果本地休闲活动不能满足人们的需求时，人们就会产生旅游的想法并随之付诸行动，那么动机就是开始旅游的自然过程。西方学者杰弗瑞·戈比将休闲和旅游视为两个相关但又不同的学科。作为异地休闲的一种重要手段和方式，戈比一直高度重视旅游，认为旅游是人们基本的休闲活动之一。它有着悠久的历史文化传统，在众多的休闲活动中，旅游特别适合将个体游客和整个现代世界联系起来，认为现代世界中的旅游实际上是对个人意义的追求。

而国内的学者更多将休闲体育旅游的重点放在"休闲"上，对此有着较为一致的观点，认为"休闲"是人们选择参与休闲体育旅游的重要目的。近年来，休闲体育的观念开始走进社会大众的思想中，国外新潮的休闲体育活动不断冲击人们的认知。越来越多的人紧跟时代的潮流，开始寻求放松享受或刺激富有挑战性的体育项目，人们渴望回归大自然、与大自然亲近的愿望不断增长，极大推动了休闲体育旅游业的发展。休闲体育旅游可以理解为以特定的体育设施和体育资源为承载物，从事休闲娱乐、身体锻炼、体育观赛、康复保健、体育文化欣赏等活动，是平衡旅游发展、改善旅游者身心健康状况的一种特殊形式。

综上所述，休闲体育旅游兼具体育和旅游的双重特征，是在体育和旅游两种条件下，以休闲体育为活动形式，以愉悦身心、放松身体、休闲、促进旅游者身心健康发展为目的，具有休闲特色的娱乐方式，是休闲体育和旅游业共同发展的产物。

（五）休闲体育旅游产业

休闲体育旅游产业是休闲体育产业和旅游业交叉、融合、渗透的新兴旅游产业形态，它是指人们在闲暇时间参与以锻炼身体、缓解情绪、陶冶情操为主要目的，以体育娱乐活动为主要内容的旅游方式。休闲体育旅游于20世纪80年代在我国兴起，它将体育与旅游完美融合在一起。休闲体育旅游产业作为新兴的产业是一个朝阳产业，它是顺应社会的发展而产生的，它扩大了旅游的范畴、延伸了体育的内涵。休闲体育旅游产业是为满足人们生活所需而出现的新兴行业，它丰富了旅游市场的形式，同时，休闲体育旅游产业能够引导人们进行消费、扩大内需。在我国经济协调发展的背景下，一般将休闲体育旅游项目分为3种形式，即体育观赏性活动、户外休闲体育活动以及包括太极、武术、跳舞、室内高尔夫球等在内的室内休闲体育活动。

由此可见，休闲体育旅游产业已经可以满足旅游者的消费需求，是一种以增强身体素质、缓解压力、陶冶情操为目的，以休闲体育项目为主要内容，用自然生态资源做户外依托，借助旅游的形式，为旅游者提供健身休闲、观赏体验等服务的经济活动；并且休闲体育旅游产业作为一种新兴产业，是体育与旅游交融结合的结果，兼具了体育和旅游的双重产业属性，是一种可供人们选择的新型生活方式。随着我国体育产业政策的推进，休闲体育旅游产业的兴起也标志着我国体育事业的蓬勃发展，表明我国休闲体育旅游产业有的较大发展空间。

二、休闲体育旅游产业的价值

休闲体育旅游是一个新兴的产业，将体育与旅游完美地结合起来不仅扩大了旅游的范畴，而且还延伸了体育的内涵。休闲体育旅游产生与发展的主要原因就是其具有的价值符合现代社会的需求，充分认识休闲体育旅游的价值，才能让人们充分认识并参与休闲体育旅游，发挥其经济、健康、人文等价值。

（一）经济价值

休闲体育旅游产业的经济价值包括目的地消费和体育旅游产品两个方面。休闲体育旅游活动过程中的食、游、住、购、行、娱方面的需求产生消费，将为目的地交通、酒店、餐饮、通信、商业、娱乐等服务行业带来巨大商机，促进该地区第三产业的迅速发展。体育旅游消费主要体现在从事体育旅游活动需要专业器材与设备，能促进体育设备、器材的生产与销售。除此之外，在旅游活动中发展体育服务，除旅游外满足参与者进行体育活动的特殊需求，能带动体育旅游产品的发展。目前，部分旅游机构看准了其经济价值，成立了专门部门并推出了体育旅游产品。

（二）健康价值

休闲体育旅游是以户外运动为主、依靠自然资源进行的旅游和体育活动，而自然条件是吸引人们参加休闲体育旅游活动的重要前提。这些外部条件和优美的自然环境有益于人们的健康，包括森林、草原、江、河、湖、海、沙滩、温泉、冰雪等自然资源。人们亲近大自然，享受充足的阳光，活动身体，舒展筋骨，能使人们心旷神怡，沐浴在蔚蓝的天空与清新的空气中，远离城市的"亚健康状态"。据有关资料显示，体育活动过程中出现流畅状态、跑步者高潮、运动愉快感等积极情感，人们从体育活动中感受到乐趣与愉悦，在增进健康的同时还能增加幸福感。休闲体育旅游还能提供健康的生活观念和生活方式，让人们行走在山水之间，从而在精神上产生愉悦的感受，放松心情并缓解上班的紧张压力，从而调节人们的心理状态。还有研究发现，人们进行休闲体育旅游活动符合人们心理上的需求，可以消除紧张烦躁情绪、振奋精神、锻炼意志、培养高尚情操等，这些作用是现代城乡生活环境下的体育活动所难以比拟的。心理学家也提出，人们在完成自己的工作之余，就要寻找各种生理和心理上的放松方式，可以有效释放心理压力。因此，休闲体育旅游作为增进身心健康、愉悦身心、陶冶情操、满足精神需求、改善生活质量的重要手段而具有独特的价值。

（三）人文价值

我国悠久的民族传统体育文化使人们拥有众多开展休闲体育旅游活动的资源，它是人类创造的，反映各时代、各民族政治、经济、文化和社会风俗民情状况，古今中外人类生活、生产活动的艺术成就和文化结晶，具有旅游功能的事物和因素。根据《中国旅游资源普查规范》可将休闲体育旅游资源分为三大类，即古迹与建筑类、休闲求知健身类和购物类。一方面，可通过建造体育公园、博物馆、体育运动中心，如，阿布扎比法拉利主题公园、中国"鸟巢"和美国夏威夷的波利尼西亚文化中心，每年吸引游客慕名前往。另一方面，组织休闲体育节、民间传统体育活动等别具特色的文化活动来丰富旅游内容。旅游活动中的人文景观会使旅游者受到民族文化的熏陶；旅游者通过参加体育项目，能认识到体育项目本身的文化内涵，能提高自身的知识素养和文化水平；同时，境外的旅游者来我国进行旅游活动有利于文化的交流与传播；另外，休闲体育旅游活动能增强该地区与国内其他地区和其他国家间的信息交流和感情交流，宣传地方民俗、文化、休闲体育旅游产品，其价值不言而喻。

（四）休闲娱乐价值

根据《辞海》的解释，娱乐即娱怀取乐、欢乐之意。只要在休闲的自由时间里做自己想做的事情并能获得快乐的感受，就具有娱乐的内涵。休闲体育旅游活动除了依靠自然资源开发的常规娱乐旅游产品外，还可进行野营、疗养、海水浴、沙滩浴、冲浪、潜水等特色娱乐活动。在深圳"世界之窗"、民俗文化村、珠海圆明新园等主题公园的专场演出活动也具有休闲娱乐价值。休闲体育旅游活动的娱乐价值融艺术性、娱乐性和参与性为一体，更多的旅游业经营者把旅游文娱引入旅游景区景点、旅游饭店和休闲体育旅游产品及设施之中，如健身房、桑拿浴、保龄球、桌球、壁球、游泳池、网球场等。

（五）人际交往与沟通价值

人际关系以感情、心理为基础，与个体及其社会行为直接联系。在人际沟通中，只要分析、了解人们的不同心理需要，把握人们心理需要的特点，并根据这些需要及其特点去满足对方的心理需求，就能获得比较好的沟通效果。休闲体育旅游活动能够营造轻松、亲切、宜人的交际环境，人们根据兴趣爱好聚在一起，从陌生、认识到熟悉。在旅途中，通过与他人的交往可以分享旅游的喜悦，可以分享运动技能，也可以分享家庭和事业方面的内容。在优美的自然环境中进行体育运动，让彼此之间的交流更加通畅。例如，在高尔夫球场上与人进行商业谈判比在茶楼或者其他休闲活动场所更加有效，提出方案或者策略后留有击球后的间隙时间，不会像在其他地方那样因为思考而显得冷场、尴尬或窘迫；在马术表演中，社交活动是观看整个比赛过程的一部分。这使得交际的双方既保持了自己的独立性，又能够卓有成效地实现彼此之间的交流和沟通。人们喜欢选择诸如高尔夫球之类的休闲体育活动作为交际的手段，其本质原因亦在于此。另外，体育旅游项目运动中的竞争与合作、协同配合等也能增加参与者、朋友或家庭间的交往，以此沟通情感、增进友谊，达到理想的人际交往与沟通目的。

（六）追求自我、实现自我价值

休闲体育旅游活动有一般的观光型活动，也有根据旅游者自身需求进行的大自然探寻和实现自我的深度活动，如登山、探险、野营、潜水、越野、跳伞等。旅游是一种经历，更是一种回忆。21世纪是体验经济时代，人们愿意在休闲体育旅游活动中尝试各种新鲜、刺激、独特和令人难忘的经历与感受。当人们满足了基本旅行需要后，人们的需要层次将上升到精神需要和探索需要，从而激发人们的健身、娱乐、观光、度假、探险等刺激性旅游需要，进而产生进行休闲体育旅游的动机。这些活动能远离工作和日常生活环境，使参与者体验一种新鲜感，在新异环境中心旷神怡。另外，在休闲体育旅游活动中，新奇的动物、植物、自然、人文景观等会进一步增长活动者见识，陶冶活动者的情操，熏陶活动者的精神，使其获得极大满足感。旅游者进行休闲体育旅游的过程中，对各类新奇事物或者不同休闲运动项目的观赏和参与，可以满足自己求美、求新、求乐、求奇、求异的心理需求，是一种追求自我、实现自我价值的表现。

三、休闲体育旅游产业的特征

（一）技能性

随着经济持续增长，人们在物质生活层面之外开始注重精神需求的满足。旅游景点的布局、打造也开始变得多样化，从传统的山、水、亭台、楼阁扩展到沙漠、戈壁、高原、雪地等气候恶劣地区。体育项目也变得丰富起来，由传统的武术、跳绳逐渐发展到跳伞、滑冰、跳水、射箭等技巧性与危险性并存的项目，而其中最典型也最为火爆的当属冰雪项目。

为了促进群众体育事业的发展，积极配合2022年北京冬奥会赛事的筹办工作，国务院发布了《关于以2022年北京冬奥会为契机大力发展冰雪运动的意见》。该文件的发布一方面能够为促进冰雪运动的发展发挥指导作用，另一方面促进了更多群众参与到冰雪体育活动中来。同时可以看到，随着冰雪运动的进一步普及，滑雪、冰壶等项目将随着群众积极参与冰雪运动的形势而广泛普及，势必成为助推休闲体育旅游产业发展的重要抓手。

（二）惊险刺激性

休闲体育旅游区别于其他旅游项目的最大特点，就是在旅游的过程当中包含了参与休闲体育活动的动机与实践,并且在自然景区内进行休闲体育活动本身具有一定的危险性,比如跳伞、攀岩、漂流、蹦极等。这些充满惊险刺激性的项目难免会让旅游者因新鲜感而产生浓厚兴趣并跃跃欲试,想要通过亲身参与来获得从未有过的极致体验,而这也是休闲体育旅游产业能够成为新消费热点的重要原因之一。

(三)观光性与参与性相统一

在旅游过程中,壮阔秀丽的风景往往能给游客带来震撼的感受。世界杯、奥运会、NBA 职业篮球联赛等充满竞争性、刺激性的代表着人类最高运动水平的体育赛事,总能让观众们感受到力与美的完美融合。在公园晨练、健身房里挥汗如雨等休闲体育活动也给人带来酣畅淋漓的体验。休闲体育旅游产业则将旅游所具有的观光性与休闲体育运动的参与性很好地结合起来,让游客在身心得到放松的同时通过身体的锻炼获得强健的体魄,这种一举两得的双重效果是单纯的旅游活动与休闲体育运动所不能比拟的。

(四)生态性与文明性相融合

能够进行体育活动的场所多种多样,如体育场、游泳馆、健身房等,但其多位于城市、室内环境。而休闲体育旅游不受地域限制,将体育活动搬到了空气清新、环境优美的自然生态之中,这是参与者在城市生活中难以获得的新鲜体验。而且随着创新、绿色、协调、共享、开放五大新发展理念的普及,更多的体育活动、体育赛事、文化交流将会在自然环境中进行。

第二节 国内外休闲体育旅游产业的发展

一、国外休闲体育旅游产业的发展

休闲体育旅游产业离不开运动体验性这一特征。随着人们生活品质的提高,休闲体育旅游成了人们追求与向往健康文明生活的一种方式。

休闲体育旅游在发达国家作为一种时尚盛行。同时,对欧美地区的发达国家来说,其有很多的机会举行大型的国际比赛,拥有较完善的国内联赛市场开发体系。由于观赏性休闲体育旅游所占比例越来越大,所以其值得人们展开深入的

第六章 现代休闲体育旅游产业的发展

研究。在欧美发达国家中，休闲体育旅游愈渐成熟。其实，西方发达国家休闲体育旅游产业的发展都会进入逐渐成熟的阶段，也就是说，休闲体育旅游市场规模已经逐渐形成。同时经营的途径也被拓宽，对资源的持续循环利用予以重视的态度，从而获取可观的经济效益。

澳大利亚政府高度重视休闲体育旅游项目的发展。在 2000 年，其相关体育部门和旅游部门就出台了《全国体育旅游的发展战略》。它的内容丰富多样，包括环境调查、国际及国内市场分析、发展方案和实施过程等，从不同视角制定了具体的发展创新、合作与沟通、科技研究和教育培养策略。这是澳大利亚休闲体育旅游发展方案中至关重要的部分，所以必须对其进行加强和落实。澳大利亚的人民对于旅游经济的发展深信不疑，他们认为体育在旅游中是不可或缺的要素，并且也是一个特殊的旅游市场，不管是商业活动还是方针政策，体育和旅游已经融为一体。

对于旅游的开发和运营，法国的实力早已名列前茅，并且规模庞大，如今从其他国家来法国旅游的游客数量已经达到 7000 万人，游客数量在世界上所占比重很大。法国人认为生活中离不开旅游，法国的休闲体育旅游资源丰富，每年都会举行大型比赛活动，能够进一步推动法国休闲体育旅游产业的转型与升级。法国的休闲体育旅游产业能得到突飞猛进的发展，政府也对此给予了高度的重视，并提供了一系列的政策等加以扶持。此外，法国体育明星的宣传以及国内群体对休闲体育旅游的需求，加之法国体育教育的发展，都是休闲体育旅游产业长期稳定发展的重要保障。

在旅游行业内，瑞士的休闲体育旅游可以说是一大亮点。作为世界上冰雪运动旅游的开创者，瑞士以登山和滑雪为突破点，率先在这两个领域开展了新的项目。随着科学技术的不断发展，瑞士在完善基础设施的过程中投入了大量的人力、物力，因为冰雪运动旅游行业需要依赖大量的基础设施，瑞士政府在完善基础设施方面投入了很大的成本。作为回报，冰雪运动旅游行业给瑞士政府带来了巨大的经济效益，成了政府收入中必不可少的一部分。

综上所述，作为一种综合性的服务产业，休闲体育旅游产业的发展需要多方面因素的协调配合。休闲体育旅游产业不仅仅对经济发展有一定的激励作用，同时它也可以作为一种媒介去推动体育周边产业的发展。尤其是在政府的鼓励下，休闲体育旅游正在不断地发展完善。休闲体育旅游产业已经走过了上百年的历史征程，如今休闲体育旅游产业与现代化的结合使其又焕发了新的生机，已经成为人民休闲生活中的重要有机组成部分。大部分发达国家都能够深入地发掘休闲体育旅游资源，并且将其应用到经济增长上，由此，其能够成为社会休闲产业中不可或缺的板块。

二、国内休闲体育旅游产业的发展

（一）山东省休闲体育旅游产业的发展

山东省莱西市地形北高南低，多为平原、低山、丘陵；气候宜人，为温带季风性气候，春夏秋冬四季分明。莱西市隶属于青岛市，水资源丰富，并且莱西市有独特的资源，胶东半岛的莱西湖是半岛地区最大的淡水湖，姜山湿地也是胶东半岛最大的湿地，因此莱西市也有"半岛明珠"的称号。在此主要以莱西市为例展开论述。

1. 莱西市休闲体育旅游产业的发展历程

莱西市休闲体育旅游产业从一开始处于初级阶段到现在慢慢成熟，可分为四个阶段：①起步阶段（2001—2010年）。这个阶段是莱西市休闲体育旅游产业的萌芽时期，人们对于休闲健康生活有了新要求，也有了一定的经济基础，休闲体育旅游产品、休闲体育景区以及休闲体育旅游配套设施等也处于起步时期。②发展阶段（2011—2015年）。此阶段以2015年世界休闲体育大会为契机，进一步完善休闲体育旅游产业的配套设施，提升莱西市休闲体育旅游产业的服务水平与质量；同时也打造了青岛市休闲城市的形象，青岛莱西造就出"休闲"底色与"运动"基因的别样光彩。③形成阶段（2016—2020年）。两届世界休闲体育大会的举行带动了青岛市经济以及居民人均收入的快速增长，青岛市休闲体育旅游产业也迅速发展，休闲体育旅游景点的环境得到了进一步的改善，市场营销供给资源丰富，"体育+旅游"产业发展机制得到了健全，青岛也成了滨海休闲体育旅游目的地。④成熟阶段（2021—2025年）。经过前三个阶段的发展，青岛休闲体育旅游进入成熟时期。休闲体育旅游的发展趋势是"休闲性+娱乐性+健康性"，该形式已经影响人们的思维，在生活中起到了积极作用。休闲体育旅游是一种集促进健康、休闲养心、积极文明为一体的生活方式，满足了人们对于休闲生活的需要。

2. 莱西市休闲体育旅游产业的发展模式

莱西市休闲体育旅游产业基于多种主题模式，以世界休闲体育大会为契机，吸引休闲体育旅游游客参与其中。莱西市以主题旅游为主要发展模式，主要分为体育主题公园模式、休闲体验模式、人造景点模式以及体育馆模式。

（1）体育主题公园模式

莱西市以世界休闲体育大会为发展契机开发休闲体育旅游产业，组织举办集娱乐性、健身性、休闲性于一体的体育运动，将月湖公园和世界休闲体育大会公园发展成体育主题公园。月湖公园的主题项目是水上运动，如皮艇球、桨板、龙舟、帆船、钓鱼等；月湖游乐园的项目包括豪华碰碰车、恐怖城、梦幻大世界、彩虹滑梯以及拓展训练等青少年喜爱的体育项目。世界休闲体育大会公园是以徒步观赏、锻炼、赛事为主打造的唯一以休闲体育为主的主题公园，不仅可以使游客感受到莱西市的秀丽景色，而且还可以体验休闲体育项目带来的娱乐刺激，深受广大游客和当地市民的喜爱。

（2）休闲体验模式

以休闲体验为主开展各种与身体活动相结合的旅游活动，既能缓解压力、陶冶情操，也能在其中进行劳作，体验采摘乐趣。体验各种节日里组织的活动，如堤上梨花节、梅花山梅花节、糖葫芦会等关于观赏游玩的节庆活动，而且还举办了草莓采摘、葡萄采摘、蓝莓采摘、蜜桃采摘节等独具特色的休闲采摘节。

（3）人造景点模式

莱西市依托良好的生态资源，认真打造休闲体育旅游景点，发展健康产业，发展健康养生、体育健身、运动康复、健康旅游等健康服务新业态。莱西市推出了白鹭湖温泉度假区，是集休闲娱乐、健康养生、温泉旅游、餐饮住宿及农业生态园观光为一体的温泉旅游度假场所。姜山湿地旅游城占地 1.37 万余亩，是莱西市休闲体育旅游产业的一个重要景点，设计了 18 个符合国际标准的高尔夫球场、越野车赛场、马术俱乐部、观鸟台等旅游景点。深度开发休闲体育旅游资源，吸引游客，发展莱西市休闲体育运动，进而带动莱西市休闲体育旅游产业的发展，加快经济的发展步伐。

（4）体育馆模式

由于季节或者天气的影响，人们无法参与休闲体育项目室外活动，所以在体育馆内参与体育活动成了游客的最佳选择。例如，篮球、排球、羽毛球、乒乓球、射箭、街舞、电子竞技、武术比赛等，其中最受年轻人喜爱的项目是电子竞技。2020 年，青岛市教育局联合电竞公司发展休闲体育旅游产业。电竞旅游产业以赛事为核心，不仅带动莱西旅游业的发展，而且充分挖掘电竞运动中的体验、旅游、消费等附加项。莱西市学习上海、成都、广州等城市利用"电子竞技+旅游产业"融合带来商机，举办大型电子竞技比赛，吸引游客。莱西市休闲体育旅游模式以体育运动为核心打造休闲模式，越来越多的游客参与到莱西市休闲体育旅游中。据莱西市文化旅游局统计，2020年受疫情影响，莱西市接待国内游客384.9万人次。此发展模式打造了"休闲+体育+健康养生+绿色生态"的可持续发展模式，促进了莱西市休闲体育旅游产业的发展。

（二）江苏省休闲体育旅游产业的发展

由于江苏省内东、中、西部经济发展水平与资源存在差异，其休闲体育旅游产业也处于不同的发展阶段。因此对江苏省各城市代表性休闲体育旅游景区进行体育资源与旅游配套设施的实地考察，是探索休闲体育旅游产业共生模式的基础与前提。

1. 南京市休闲体育旅游产业的发展

（1）南京金牛湖景区

景区概况：位于南京六合区，依托南京最大的人工湖泊——金牛湖，背靠金牛山，荣获"国家AAAA级旅游景区、国家地质公园核心景区、国家水利风景区、省级旅游度假区、省级森林公园"等称号。景区功能区划分明显，有中心服务区、银牛山景区、金牛山景区、沙滩休闲区、湿地生态旅游区、铜牛山景区、湖心岛游览区、水上乐园区、滨湖休闲度假区，为南京及附近游客的度假、旅游、野营、郊游目的地。

体育资源：设置健身步道并规划多条登山线路，提供团建、露营、丛林穿越、山地骑行等户外运动项目，也包括水上自行车、快艇等水面项目。2019年景区运营玻璃水滑道项目，建设全长近300米的模拟自然河流漂流，属于水上浮圈滑行项目，进一步丰富了金牛湖景区的体育旅游项目。另外，引入青少年赛艇锦标赛、南京金牛山四分马等赛事。

旅游配套：内设农家乐、酒店等食宿配套设施，开设不同套票，在不同季节推出特色旅游活动，如"春季漫步"等，初步构成了较为完善的产业体系。官网设置完善，活动期间会进行微信公众号等多渠道宣传工作。

（2）南京固城湖水慢城生态之旅

景区概况：景区位于有"国际慢城"和"南京后花园"美誉的高淳区，占地面积8000多亩，以3000亩水域和沿线花海等自然生态景观为吸引物，分为百荷园、金沙滩、湿地动物园、芦苇荡等多个景区，有"天然氧吧"之称。

体育资源：景区引入丰富的体育旅游项目，每年举行各类垂钓赛事、高淳国际慢城马拉松赛，还有帐篷露营、卡丁车、泥浆足球、益智游戏等体验项目。

旅游配套：加入文创、纪念品商店、移动售卖车等商业业态，帐篷餐厅提供便餐，景区内有观光游览车。毗邻高淳老街，吃住行游购娱产业链较为全面。

（3）南京聚宝山公园

景区概况：占地 2200 亩，位于主城区与仙林新城交界处，是江苏省十大体育公园之一。规划打造以体育、潮流、休闲为特点的体育旅游产业集聚区，对焦建设江苏省运动训练基地与劳动教育基地，为超 55 万人口的运动、健身提供服务。

体育资源：冠名江苏省自行车运动训练基地和南京市轮滑运动训练基地，借助政府和多个体育部门的力量持续投入建设青少年马术、足球、网球、小轮车、垂钓等项目基地与运动中心，并拥有开展健身、攀岩、拓展运动、房车野营等多种休闲运动的设施条件，囊括了当前大部分主流与小众休闲体育运动类别，园区已经形成了较为健全完整的体育发展体系。

旅游配套：定位为市郊公园，交通不便利，旅游产业配套设施较少，无住宿点和文创售卖点，饮食点与水铺也较少。

（4）南京环老山体育旅游景区

体育资源：被国家体育总局评选为"2019 年度中国体育旅游十佳精品景区"。融合了环老山青奥会公路自行车体验道、穿越老山土布登山道等最美跑步路线，以及不老村环象山湖体育健身圈、珍珠泉 AAAA 级景区、老山森林汽车公园、水墨大埝自行车公园等体育自然文化元素，可开展游泳、登山、骑行、高尔夫、竹排、滑草、轮滑、房车露营、水世界、无线电定向越野、真人 CS 等十多个体育运动项目。其中，老山有氧运动小镇致力于打造集康健、养生、休闲于一体的中高端体育康复示范点，由美国著名运动康复师库博教授背书并进行营业。

旅游配套：设置茶庄、文创饰品、餐饮等区域，重点面向全南京市民进行宣传，宣传渠道包括微信公众号热点事件跟踪报道、大众点评以及广告投放。不老村经过营销成为南京网红打卡点，配套产业较为完整。其中，老山有氧运动小镇提供包括住宿在内的一体化运动服务。地处郊外，但拥有巴士专线。

（5）南京巴布洛体育旅游景区

景区概况：巴布洛生态谷位于竹镇镇，是集旅游观光、休闲娱乐和绿色生态食品为一体的现代化智慧农业综合体。巴布洛生态谷环境优美、空气清新，野生动植物种类繁多。

体育资源：拥有适合全年龄层的休闲体育运动项目，如森林探险、水上自行车、皮划艇、射击打靶、素质拓展活动、房车露营等，同时也是江苏省内较早拥有如热气球、动力伞等航天运动项目的景区，具有较高的人群参与度。此外，园区还积极引进南京多彩竹镇公路自行车赛、热气球锦标赛、国际半程马拉松赛等大型体育赛事。

旅游配套：布局生态牧场采摘区、葡萄/花海区、田园体验区三大园区，提供采摘、摇摇车、遛马、碰碰车等多种娱乐项目。同时设置农家乐、餐厅、会议中心、酒店、公寓、超市等。

2. 苏州市休闲体育旅游产业的发展

（1）苏州沙家浜·虞山尚湖旅游区

景区概况：景区位于苏州常熟市，总面积42平方千米，充分依托虞山和AAAAA级景区尚湖的山水资源，提供生态景观游览、运动项目体验、民俗文化参与等多种形式的活动。

体育资源：以小众中高端项目为主要开展活动，拥有锦标赛规格的高尔夫球场、龙舟基地、漂移赛车场等。响应国家劳动教育号召，设置国防户外拓展基地，宣传传统文化，建立江南船拳陈列馆。举办季节性或节事型的体育赛事活动，如世界最高级别的舟钓赛事、铁人三项赛、端午的龙舟比赛、马拉松赛等各类赛事。

旅游配套：位于常熟市城区位置，交通便利，是旅行社重点推介资源，属于中高端游览线路，具有吃住行游购娱一体化的产业链条。

（2）苏州盛泽湖月季园

景区概况：生态月季园位于盛泽湖的南侧，总占地面积800亩，建设成一个开放的以月季为主题的自然与文化相融合的休闲场所。园内种植月季千余种、100万余株，其他乔灌木200余种、11万余棵。自然环境独特、风光秀丽的月季园成为一个生态环境优美的新型休闲度假场所，为国家AAA级景区。

体育资源：体育设施面积占地16.7万平方米，结合各类水上和陆上体育休闲项目及营地教育等主题内容，面向青少年活动、企业团建打造特色体育休闲场所。日常可开展高尔夫、篮球、足球、自行车、皮划艇、瑜伽、垂钓、跑步、广场舞、拔河等多种活动。

旅游配套：提供野果采摘、水鸟观赏等项目，静态项目较多；设置休闲餐饮区，缺乏活动设置与热点事件。

（3）苏州湾黄金湖岸旅游区

景区概况：总面积16.8平方千米，得益于东太湖优越的水域条件，有"一类空气、二类水质"的美誉。度假区已亮点纷呈,主要包括苏州湾旅游区(东太湖生态园、苏州湾美食新天地、东太湖国际游艇俱乐部等)、东太湖大酒店、太湖绿洲及太湖渔湾风景区、太湖大学堂、太湖浦江源国家水利风景区、苏州格林乡村公园等新型旅游休闲项目。

体育资源:设置帆船俱乐部、游艇码头、沙滩排球场、轮滑场、游泳馆、自行车赛道、康体步道等文体配套设备,主打开发运营时尚丰富的水上与沙滩体育旅游项目,包括帆船帆板、皮划艇等,沙滩与陆上项目包括沙滩排球、轮滑、骑行、马拉松等。

旅游配套:围绕太湖岸边兴起一圈旅游业项目,包括大型酒店住房、美食天地、购物广场等,业态齐全,以多种活动与多种业态配套吸引人流。

(4)苏州澄湖航空飞行营地

景区概况:项目总投资1.5亿元,占地600多亩,包含千米标准飞行跑道和200多亩的水上飞机场地。由江苏省航空运动协会副会长会员单位、苏州市航空运动和模型运动协会副会长会员单位——苏州澄湖爱上飞行航空营地有限公司建设运营。酒店提供多种型号的房车,满足顾客多种消费需求。

体育资源:提供长度足够、标准的陆上飞行跑道和宽广的水上飞行基地,俯瞰澄湖风光,风景宜人;提供飞行体验、高空跳伞等服务,并以此为中心开展航模销售、航拍等销售活动,举办飞行赛事及飞行主题活动。

旅游配套:邻近甪直古镇,周边有农家乐等餐饮设施,提供采摘园、生态园观赏等生态服务体验活动。通过旅游景点带动发展,属于高端消费。

3. 无锡市休闲体育旅游产业的发展

(1)无锡宜兴竹海风景区

景区概况:拥有近1.5万公顷的竹海,风景优美,有"天然活氧吧"之称;配套宣传竹之君子文化,是多部影视作品拍摄地。宜兴竹海风景区位于江苏省无锡市宜兴市区西南31千米处的湖㳇镇境内,是国家AAAA级旅游区、国家风景名胜区、省级森林公园、无锡旅游十八景及宜兴十佳景点之一。主要景点有"太湖第一源""苏南第一峰""竹报平安""镜湖秀色""索桥凌波""寂照禅寺""竹林飞瀑""翡翠长廊""悬空栈道"。

体育资源:以生态体育旅游为主,将体育嵌入大自然(竹海)背景中,运营项目主要包括登山、瑜伽、徒步、健步4个。每年都会举办一次登山节、瑜伽节,徒步、健步游客自由活动。

旅游配套：通过举办创意产品设计大赛造势，开发文创作品，提供特产美食，无住宿提供。

（2）无锡江阴海澜马文化主题旅游景区

景区概况：2020年5月10日，江苏省江阴市签署《联合打造体旅融合示范基地》的战略协议，依托当地产业优势和旅游资源特色，致力于打造体育旅游产业融合示范镇。海澜马文化主题旅游景区就是其中最为重要的链条之一。

体育资源：景区面积1000亩，以马术训练、赛事、表演为主要活动，进行马文化展示，开发了6个马术旅游表演项目：盛装舞步表演、马文化博物馆、马术夏令营、马术骑乘、马术赛事、武术表演。景区还是江苏省马术队训练基地，目前景区已经向世界一流的马文化旅游基地发展。

旅游配套：欧式风情建筑，位于市内，景区交通、周边住宿、饮食便利；拥有马文化历史背景，以马术赛事、表演为事件宣传，增加辐射人群。

4.常州市休闲体育旅游产业的发展

（1）常州太湖湾旅游度假区

景区概况：武进太湖湾旅游度假区位于江苏省常州市武进区南部雪堰镇境内，东邻国家旅游度假区无锡马迹山，西接陶都宜兴分水镇；占地39.6平方千米，以低山丘陵为主，山脉主要来自浙江天目山，山丘占土地面积的66%。大气环境达国家一级标准，植物生长茂盛，植被丰富，共有乔木、灌木、草本植物百余种，鸟类70多种。武进太湖湾旅游度假区规划控制范围为30平方千米，主要由永丰水街区、龙湾度假区、河流文化区、盘古中心区、数字文化区以及城镇发展控制区组成。东至雪马公路，南至太湖（包括沿湖500米水域和大、小焦山岛），西至宜兴分水镇，北至锡宜公路。

体育资源：发掘旅游特色，将品牌赛事作为宣传事件，以特色体育项目为标杆，遵循市场需求与产品导向，注重自行车绿道、登山步道等体育基础设施建设。环球动漫嬉戏谷被授权为国家电子竞技运动基地，发展为包括全国龙舟竞赛基地、江苏省垂钓中心、太湖湾露营谷、太湖修心谷仙庭马术学校等在内的一系列体育活动基地。

旅游配套：针对不同的季节设计不同的当季美食、旅游线路、特色活动等，针对不同档次人群提供多种住宿服务，景区内导览及服务设施配套齐全。

（2）常州溧阳市曹山旅游度假区

体育资源：以"养眼、养身、养心"为口号，构建包括全长15千米的曹山自行车公园，途经花海、牛马塘特色田园乡村；依山而建的登山步道保持原生态山林景观，步道也以山石路为主。积极举办国际自行车赛、广场舞大赛、国际舞龙舞狮争霸赛等。

旅游配套：交通区位优势明显；配套的旅游厕所、咨询、安保、医疗、保洁等服务设施齐全，人员到位；拥有特色农庄19家；开展杨梅节、美食节等活动来造势，并进行持续跟踪报道，成为常州乃至全省津津乐道的话题事件。

（3）常州溧阳市天目湖国家旅游度假区

景区概况：依托人文山水资源，以茶文化、孝慈文化（《游子吟》）为景区精髓，以山水园、水世界、南山竹海、御水温泉为单元，拥有一定的旅游度假区知名度与影响力。

体育资源：布局登山健身步道，提供汉服体验、射箭等特色体验项目，水上项目包括自驾摩托艇、快艇等。

5. 扬州市休闲体育旅游产业的发展

（1）扬州高邮清水潭旅游度假区

景区概况：立足于康健、休闲与慢行，突出水乡文化底蕴，是一个以生态景观为主的多功能旅游区。自2018年开始增加体育元素，引入龙舟赛事，活动期间引入水上飞人、花样划水等表演。

旅游配套：未形成常规化和规模化的赛事与活动，缺少配套文化设施；景区内服务管理不完善，缺乏信息查询系统。

（2）扬州宋夹城风景区

景区概况：国家AAAA级旅游景区，获得江苏省十大新景区、长三角健康服务产业集聚区、江苏省体育旅游示范基地称号。位于瘦西湖风景区核心地带，以旅游景区带动，打造城市体育公园典范。

体育资源：建设了完备的体育健身设施，包括篮球、足球、自行车、健步、轮滑、羽毛球、网球等项目场馆，主要以大众休闲体育项目为重点。

旅游配套：市中心公园，是人们散步、休闲的好去处；交通发达，并形成了以旅行社为中心的完整的旅游产业链。宋夹城作为扬州旅游的重要景点，辐射了扬州及周边游客人群。

（3）扬州高邮珠湖小镇景区

景区概况：扬州珠湖小镇位于高邮湖畔，东临京杭大运河、京沪高速，是国内集民宿湿地、颐养湿地、农耕湿地、园林湿地为一体的湿地公园。春游曲径寻梅，拂柳百花；夏赏红荷碧水，锦鲤翻波；秋看绿减红瘦，芦花飞雪；冬观雪映湿地，万鸟翱翔。珠湖小镇由上码头渔家乐景区、梦里水乡景区、欢乐小镇景区、水墨民居景区、琼华文化广场景区、珠湖湿地景区、高邮湖水上观光景区七大景区组成，蕴含了"乐、隐、喧、俗、雅、幽、野"七大文化主题要素。

体育资源：总面积1800亩，水域面积占1/4，开设环湖游览线，适用于铁人三项运动。同时园区内丰富的体育运动项目覆盖全年龄层，也囊括传统和新兴体育项目，包括户外拓展、射击、皮划艇、沙滩运动等项目。

旅游配套：以芦苇荡生态风景为吸引物，宣传营销力度不够。适合自驾游，内有儿童乐园，但设施较少且管理不完善，吃住行便利度不高，未形成完整产业链。

6. 南通市休闲体育旅游产业的发展

（1）南通启东圆陀角黄金海滩景区

景区概况：黄金海滩风景区位于江苏启东市圆陀角旅游度假区东侧，总面积2700余亩。这里东临黄海、南濒长江，拥有丰富的野生动植物资源和良好的生态环境，2017年被评为江苏省省级湿地公园。景区位于江苏省东端，是长三角地区较早迎接日出的地方，吸引着众多游客到此观赏日出。每逢旭日东升，霞光四射，瑰丽雄浑，整个海滩犹如铺满金沙，"黄金海滩"由此得名。

体育资源：地理位置靠海，浅滩平实宽广，全年气候宜人，风力十足，拥有着独一无二的浅滩户外运动资源，可开展沙滩足球、风筝冲浪、铁人三项、沙滩摩托车、垂钓等活动项目。此外，每年景区联合启东市委宣传部孵化了自有IP赛事——"黄金海滩风筝冲浪国际邀请赛"，吸引来自全国乃至全球各地的风筝冲浪爱好者。

旅游配套：配套设施较完善，提供景区内游览车、脚踏车等代步工具，有少数饮食和售卖点；人多时卫生状况不甚理想，但景区未系统化地开发旅游互动项目。在特殊时间点未开发更多的儿童或成人游乐游玩体验项目，缺少沙滩活动指导与管理。拥有官方网站，提供关于周边住宿、特色饮食的信息。不定期开展主题活动，但宣传力度较小。

（2）南通海门蛎岈山户外拓展露营景区

景区概况：位于蛎岈山国家海洋公园中心，拥有休闲度假、篝火烧烤、青少年教育、露营等多功能区域，可开展观光旅游、美德教育、青少年素质教育实践活动。景区对照一流户外基地建设和质量管理体系，打造精品省三星乡村自驾游基地。

旅游配套：交通不甚便利，非自驾游很难到达；周边无售卖点、餐饮点，需要到镇上体验特色美食；海水卫生状况不佳，摸鱼、滩涂娱乐等项目未被进行系统开发。

（3）南通如东县小洋口滩涂旅游景区

景区概况：国家 AAA 级景区——小洋口景区是长三角地区一个风光独特的生态旅游度假区，人文景观丰富厚重，自然风光秀丽典雅，建筑手法融南秀北雄于一体，营造了高雅独特、优美幽静的景观环境。

体育资源：提供自驾游、房车露营目的地，部分时间可游泳，建成国家级风筝放飞基地、青少年户外运动拓展中心。

旅游配套：开发海港、海鲜、海韵特色，有海鲜美食一条街，配备游客服务中心；开发采蛤蜊、滩涂嬉戏等活动和寺庙、会所、酒店等旅游景点及产品，可进行商务会谈、海边娱乐等。

7. 镇江市休闲体育旅游产业的发展

（1）镇江圌山风景区

景区概况：途居镇江圌山露营地位于江苏省镇江新区圌山风景区，交通便利，紧靠长三角北翼中心区域，属于南京都市圈与上海都市圈相交处。途居镇江圌山露营地总占地面积 332 亩，三面被山体环抱，自然环境非常优美。以旅游休闲度假为主，单元设计多样化，将健康养生和户外休闲有机结合，旨在打造成全国的示范标杆项目。

体育资源：定位为高端度假区，依托高负离子的绿植自然生态，举办森林、滨海等多种主题的房车露营活动，开展户外拓展、森林探险、高空滑索、定向越野、室外篮球场、亲子无动力设施、圌山游船、射箭、多人自行车等户外休闲运动。

旅游配套：提供烧烤、生态餐厅等餐饮服务，房车体验服务完善，房车内拥有 WiFi、独立卫生间、热水器、空调等。

（2）镇江金山湖飞行基地

体育资源：获国家体育总局授牌，是青少年航空运动示范及航空知识普及营地。基地开发了水陆两栖运动飞机、直升机、热气球、动力伞等体验项目，同时为青少年提供无人机、模拟飞行等航空活动。除此之外，以房车、露营、潜水、帆船等休闲运动项目为辅，多方面满足飞行专业人士及爱好者的体育旅游体验需求。

旅游配套：以专业性航空体育旅游为主，住宿、饮食等旅游配套设施较少，项目种类缺乏分类整合。

8.盐城市休闲体育旅游产业的发展

（1）盐城射阳千鹤湖公园

景区概况：总面积600亩，湖面300亩，按AAAA级景区标准设计。公园分为一轴、一带、三区，即主题文化轴、环湖景观带及生态休闲区、浪漫多彩区和互动体验区。

体育资源：建有长10.1千米的健身步道，游客中心设棋牌室、健身房等。

旅游配套：建有特色餐饮、旅游购物、酒店、少量游乐设施等，但体验设施较少，不能满足特色化需求。

（2）盐城中华海棠园

体育资源：是全国享有盛誉的海棠花主体公园，以海棠花海的优美景色为卖点。规划布置江苏省首条AI智慧健身跑道，采用人脸识别、大数据分析等技术，实时反映运动人员的运动里程、运动配速、热量消耗等情况。

旅游配套：景区指示牌、休息座椅配套完备，规划中设置可以观赏海棠花独特景观的树阵花海绿廊景观，以增加跑步及健步时的景致，但设施单一，缺乏多样化的活动项目。

9.连云港市休闲体育旅游产业的发展

体育资源：位于江苏省连云港市，是国家AAAA级旅游景区，以独特的海滨自然风光闻名，享有"江苏最美跑步线路"及"江苏省十佳体育公园"称号。以体育赛事为拉动力，成功举办了多项马拉松及跑步赛事、自行车赛等，其中多次举办铁人三项赛事。

旅游配套：海滨管理还不完善，缺乏卫生及安全管理警示。海滨涨潮等景色优美，但未进行大力宣传，配套游乐设施欠缺。

（三）河南省休闲体育旅游产业的发展

河南省东、中、西部经济发展水平与资源存在差异，各城市休闲体育旅游产业也处于不同的发展阶段。河南省信阳市具有良好的生态、地理优势，作为国家级生态示范城市，处在河南、湖北和安徽三省交会的十字路口，大别山和桐柏山连接并贯穿该地南部。在此主要以信阳市为例展开论述。

第六章 现代休闲体育旅游产业的发展

1. 信阳市休闲体育旅游产业发展的优势

（1）生态环境优越，区位交通显著

淮河水的灌溉使当地保持了较好的自然生态环境。根据统计，信阳境内有野生动物 530 余种、植物 2000 多种。

根据信阳市政府发布的 2020 年新闻报告可以看出，信阳市在环境质量的各项指标上都表现优异，在全国范围内属于上等水平。信阳市政府提出要在"十四五"规划中进一步地坚持科学发展理念，实现城市发展与生态保护齐头并进，并且还要对在发展过程中产生的相关问题进行分析，真正地使大气环境、水资源以及土壤污染等各方面的问题得到切实有效的解决。

交通便利与否是衡量一个地区体育旅游产业能否做强做大的关键因素。南襟全楚，北屏中原，独特的地理条件使得信阳市的重要性进一步突显。"立中原而通八方，居腹地而达九州"，这句诗生动形象地描绘出了信阳市发达的交通网络。信阳市的交通发达主要体现在两个方面，一是地理位置靠近武汉、郑州、合肥、西安这些新一线城市，在物资运输、产业转移等方面，信阳市的表现相对于同区域内其他城市更加突出。二是信阳市在通达能力上也有着相对较好的表现。在目前的交通基础上，信阳市可以在八小时内到达我国一半以上的地级城市，综合交通能力在我国各大城市中名列前茅。

（2）体育人口众多，体育文化氛围良好

信阳不仅是人口大市，同时也是体育人口大市。可观的体育人口数量十分有利于全民健身事业的普及开展，这主要得益于信阳市在长期的发展实践过程中所形成的良好体育文化氛围。在竞技体育方面，在 2004 年雅典奥运会上，信阳籍射击运动员贾占波在男子步枪 3×40 项目上为国家夺得第 19 枚金牌，同时也实现了信阳市体育史上奥运金牌零突破。贾占波的夺金极大地鼓舞了家乡人民关注体育、参与体育的热情，也促进了信阳市在竞技体育领域的跨越式发展。群众体育方面，信阳市积极开展全民健身工程建设，通过国家体育总局的"雪碳工程"成功为光山、商城、新县等地各争取到了一笔中等规模的体育场馆建设资金，并积极为农民体育健身工程赋能，最终实现了辖区内每个行政村都有农民体育健身器械的战略目标；并联合各项目市属体育协会，为群众带来了形式多样、内容新颖的"体育下乡"活动，引导广大群众以饱满的热情参与到体育事业中来。工作推动富有成效，人民群众反响热烈，信阳市体育局也由此被国家体育总局授予"全国群众体育先进单位"的荣誉称号。

（3）人口优势突出，经济迅速发展

2020年初，信阳市常住人口为645.36万人，排在河南省第七位，城镇化率比上年末提高1.43个百分点。庞大的人口基数以及城镇化率的持续提高，一方面会为休闲体育旅游等新兴产业的发展提供充足的人力资源，为当地提供就业机会；另一方面，庞大的人口也可以转化成支撑休闲体育旅游兴盛发展的潜在客源。但是，仅靠人口优势依然难以支撑起休闲体育旅游产业的发展，经济基础也是重要的决定性要素。2019年信阳市实现GDP收入2758亿，市区经济总量突破700亿，超过了南阳、平顶山等省内老牌工业城市。人均GDP达到4.26万元，这个水平放眼全国并不算高，但是与往年相比信阳市已有了很大突破，信阳体育旅游的消费能力有望进一步提高。

（4）休闲体育旅游资源丰富，品牌效应初步形成

旅游是信阳市经济发展的支柱性产业之一，在《信阳市"十三五"旅游产业发展规划》的指导下，信阳市进行科学布局，设定了中心城区、环城休闲度假带、县城休闲街区三个发展重点，在产业培育、品牌建设与市场营销、完善旅游公共服务体系、资源与环境保护、产业发展保障体系等方面也做出了科学规划与具体指导。近年来，各类体育活动也在这座豫南城市活跃了起来，信阳市区浉河两岸的河堤、公园里，随处可见练习武术、太极、毽球、啦啦操的群众。其中虽以老年人为主要参与群体，但也不乏青年群体和随着父母一起参与体育运动的少年儿童，体育氛围格外浓厚。

信阳市政府于2016年制定出台了《信阳市人民政府关于加快发展体育产业促进体育消费的实施意见》，随后在2016年底成立了"信阳市体育产业联合会"，作为带领全市体育产业把握机遇、不断创新、努力促进和带动行业大发展的管理部门，经过五年的发展，成效颇丰。在具备体育基础的前提下，信阳市还将传统的山水风光与体育活动结合发展，相继推出了山地自行车赛、登高健身等体育赛事活动。信阳降水量充沛、河湖众多，游泳、钓鱼、龙舟、皮划艇等水上运动项目开展得如火如荼；同时，登山、峡谷漂流、户外越野、野外露营等具有休闲、娱乐、修养性质且兼具体育、旅游特征的运动项目也广受欢迎。

信阳市休闲体育旅游产业的快速发展极大地提升了一些旅游景区的知名度，比如鸡公山被授予"河南省十佳旅游景区"的称号。信阳市水域风光的代表景区——南湾湖不仅被评为"中国中部旅游胜地三十佳"，而且与信阳当地茶文化深度融合，在此基础之上积极地整合相应的资源，打造出了在区域内具有代表性的南湾湖茶岛，从而进一步促进了休闲体育旅游相关文化的传播，成为提供休闲体育旅游服务的重要载体。

（5）基础设施逐步完善，具备举办重大赛事的实力

健全的基础设施在很大程度上关乎城市的形象，对于参与体育旅游的游客来说，是决定着其是否进行二次消费的重要因素。在很长一段时间内，基础设施建设始终是信阳市休闲体育旅游产业发展的薄弱环节，主要体现在电力供应不足、公路维护不及时及酒店、旅行社服务质量差且缺乏统一管理等方面。但近些年，信阳市认清差距，鼓足干劲，在基础设施建设上下足了"硬功夫"，宽阔畅通的城市道路、随处可见的休闲公园、焕然一新的城市面貌让前来参观的游客有了身心愉悦的感受。

2. 信阳市休闲体育旅游产业发展的劣势

（1）缺乏整体规划，政策制定滞后

休闲体育旅游产业的规划、发展政策始终处于主导地位。信阳市拥有充足的旅游资源，却缺乏科学、合理的长期规划，在指导休闲体育旅游产业发展的过程当中存在盲目性与急功近利的心态。这种盲目的、充满功利性的指导思想主要是源于信阳市休闲体育旅游业发展起步晚，一直处于探索与模仿的阶段，没有找清适合自身发展的科学定位。整体规划的缺失势必导致政策制定的落后。此外，信阳市在学术研究、政策制定等方面依然处于起步阶段，而且相关的政府部门以及研究机构等对于休闲体育旅游的研究不深，不能合理地掌握相关的实际情况，休闲体育旅游在实践中往往被定义为旅游业的附属品。同时，相关法律、政策的缺失导致对于休闲体育旅游产业的监管监督力度不够。

（2）休闲体育旅游开发程度低，未形成产业化发展模式

开发程度低、难以形成产业化发展模式是阻碍着信阳市休闲体育旅游产业实现转型升级的直接原因。开发程度低主要是因为政策导向不明、市场盲目扩张及缺少科学、统一的监管平台。这也导致了信阳市休闲体育旅游产业长期处于盲目的自由发展状态，距离高效完备的产业化集群还有很长一段路要走。国家体育总局确定的正式体育项目共计99项，其中一些项目如皮划艇、热气球、滑翔伞、无线电测向等因器械昂贵、专业技术要求高、危险系数大等，不具备在群众中普及的条件，而远足、登山、滑雪、垂钓、潜水、攀岩、滑冰等项目在全国其他地区的开展情况异常火爆。在这些项目当中，除了滑冰与潜水，信阳市均具备开展条件，但实际上这些项目的开展因缺少体育行政管理部门、单项体育协会的指导

与管理，仅在民间一些爱好者中流行；其他人士即使接触或参与过这些项目，也因缺乏全面、系统的认知而得不到欢愉感、成就感而渐渐丧失兴趣，使得这些项目始终无法在群众中形成规模效应。

当前信阳市在红色旅游、美食旅游、乡村旅游、户外旅游、低空旅游等方面均有所涉及，但仅仅是在体育行政部门的计划与指导下简单进行产品开发，并没有形成真正意义上依靠市场机制自下而上地推动的体育旅游发展体系。这就导致政府与市场长期在资源配置中达不到协调统一，使得开发受限，缺乏具体、成熟的项目。这些休闲体育旅游项目往往在投入市场初期能够在一定程度上引起人们的兴趣，但此后往往会陷入发展后劲不足的困境，不具备持久的竞争力。若不能尽快转型升级，这类体育旅游项目必将被市场淘汰。

（3）宣传手段单一且投入不足

宣传是让产品焕发蓬勃生机的重要手段。随着数字信息化的高速发展与5G时代的全面到来，媒体的作用进一步突显，区别于传统媒体的自媒体的地位也急剧提升。媒体对体育旅游的宣传深刻影响着人们参与体育旅游的态度与观念。各省市精心打造的旅游宣传片经中央电视台等媒体广泛传播之后，均取得了不错的回响，直接推动了当地旅游业的发展。有些城市宣传语因大气、简洁、朗朗上口，伴随着高频次的播放已逐渐深入人心。例如，"新疆是个好地方""爽爽的贵阳""南孔圣地，衢州有礼"等。信阳市优质资源不可计数，但长期以来一直忽视了对媒体等宣传手段的运用，这与信阳市当地长期对于休闲体育旅游产业"重效果、轻宣传"的指导思想有着很大关系。长时间来，信阳市的休闲体育旅游宣传一直处于初级阶段，仅靠常规的电视、广播、报纸等渠道，手段单一、覆盖范围狭窄、热点项目缺少后续跟进。与其他发达的旅游城市相比，在宣传、营销等方面还有所欠缺，存在宣传成效甚微等问题。典型表现在同为"四大避暑胜地"的鸡公山，名气明显比其他三个（秦皇岛北戴河、湖州莫干山、九江庐山）小得多。

2018年，信阳市正式举办了第一届国际马拉松赛，并希望将其打造成品牌赛事。但宣传主要依托于河南省、信阳市内的一些官方媒体，大部分市民及其他外省居民由于缺乏了解渠道，以至于对这项赛事闻所未闻。在马拉松项目火爆的今天，很多城市能够借助马拉松赛事进行文化宣传，并且将其打造成为当地的体育品牌，如北马（北京国际马拉松）、上马（上海国际马拉松）、西安城墙国际马拉松等。通过科学合理的线路规划，在开展体育赛事的同时也将城市美好的一面展现给参赛选手、游客，这样的宣传方式并不新颖，但却经济、高效。酒香也怕巷子深，信阳市在休闲体育旅游产业的宣传方面仍需要不断注入新鲜血液。

（四）宁夏回族自治区休闲体育旅游产业的发展

1. 宁夏回族自治区休闲体育旅游产业资源现状

（1）自然旅游资源

宁夏回族自治区位于东经104～107度、北纬35～39度，处于整个东亚的核心地理位置。宁夏作为全国第二个全域旅游示范区，地貌复杂，涵盖了高山、大河、平原、草原、沙漠、黄土高坡、湿地、丘陵、湖泽、峡谷、盆地、丹霞等地形地貌。宁夏是中国为数不多在全国10大类、95种基本类型的旅游资源中占据8大类、46种基本类型旅游资源的地区，由此宁夏在旅游界获得"袖珍中国""中国生态盆景"的盛名。据统计，宁夏境内共有旅游景区147家，其中3家AAAAA级景区、15家AAAA级景区、14家AAA级景区和43家A级景区。其中2家AAAAA级生态旅游景区分别是沙湖和沙坡头景区；10家AAAA级生态旅游景区是苏峪口、六盘水、贺兰山岩画、黄沙古渡、鸣翠湖、黄河大峡谷、黄河坛旅游区、黄河横城旅游度假区、火石寨、腾格里沙漠湿地旅游区；4个国家森林公园是苏峪口森林公园、六盘山国家森林公园、花马寺国家森林公园和火石寨国家地质（森林）公园；10个国家级湿地公园包括银川国家湿地公园、石嘴山星海湖、吴忠黄河国家湿地公园、黄沙古渡、青铜峡鸟岛、中宁天湖、固原清水河、鹤泉湖、简泉湖；3个国家级地质公园是火石寨、灵武、水洞沟。宁夏丰富的生态旅游资源主要得益于宁夏独特的地理位置，宁夏将西北黄河的壮丽景观与江南水乡的秀美融为一体，造就了宁夏独具特色的自然风光。

目前，宁夏回族自治区共有湿地413处，首府银川更有"七十二连湖"之称。近年来，宁夏政府号召合理开发湿地资源，推崇休闲度假游、苇海探险游等湿地旅游业态。其中阅海国家湿地公园是目前宁夏境内面积最大、地貌保持最完整的一块生态湿地，也是西北地区唯一的国家级湿地公园。宁夏境内主要有贺兰山和六盘山两座山脉。两座山脉自然景观雄浑壮观，山上泉水叮咚，植被葱郁，物产资源十分丰富；宁夏毗邻腾格里、毛乌素、乌兰布和三大沙漠，具有独一无二、水沙结合的生态旅游资源。腾格里沙漠在全国享有盛名，是全国唯一能实现短、中、长途沙漠观光、休闲、探险旅游的沙漠旅游区。目前，宁夏发展较好、知名度较高的沙漠景区是沙坡头景区、沙湖景区和黄沙古渡景区。

（2）人文旅游资源

体育旅游人文资源主要是指基于社会和文化的体育旅游资源，如民族体育资源、历史文化资源、现代体育文化资源。在民族体育资源方面，宁夏地区除汉族外共有46个少数民族，宁夏作为回族自治区，是中国最大的回族聚居地，所以宁夏的民族体育资源多为回族体育资源，如回族武术、木球、赶牛、羊响板、牧童鞭、方棋等传统回族体育项目。在历史文化资源方面，宁夏是中国远古文明的发祥地之一，宁夏境内的"水洞沟遗址"表明，人类早在3万年前的旧石器时代就在此繁衍生息。宁夏也是西夏文化的发源地，西夏王朝作为历史上唯一一个没有被《史记》记载的朝代，给宁夏留下了许多待解之谜，也给宁夏蒙上了一层神秘的色彩。同时宁夏境内共有多道长城，有修建于公元前272年秦昭襄王时期的秦长城，也有建于明中期的明长城，宁夏的长城被公认为最早、最全、最有代表性。而且宁夏黄河灌区有2000多年的自流灌溉历史，至今秦、汉、唐时代开掘的干渠还在发挥作用。宁夏的秦渠是同世界文化遗产——成都平原都江堰水利工程同一个时期建设的，因此这是属于宁夏独特的历史文化资源和旅游文化资源。现代体育文化资源包含为了开展体育活动而创造的体育赛事。最近几年，宁夏回族自治区积极利用自身优势创建自己的赛事，并打造旅游品牌以发展休闲体育旅游产业。其中大漠健身运动大赛已经成为宁夏回族自治区体育旅游中的品牌赛事。除此之外，宁夏承办了中国（中宁）国际轮滑公开赛、全国自然水域冰钓赛、CBA篮球邀请赛、国际超级皮卡大赛、环宁夏国际公路自行车等一系列体育赛事，同时体育场馆、体育中心、体育公园也是当代体育文化资源的重要组成部分。近年来，宁夏回族自治区大力发展城乡休闲健身产业，地方财政预算中增加了休闲健身产业资金，用于改善社会群众的休闲健身服务。到2020年，宁夏全区休闲健身运动蓬勃发展，休闲健身基础设施得到持续改善。包括宁夏阅海湿地公园、览山公园、金凤区市民休闲森林公园、永宁县健康主题公园、毓秀体育健康公园、贺兰山体育公园、清馨园体育健康公园等在内的城市公园，是集"健身运动、娱乐休闲、科普知识"为一体的体育健身与生态旅游基地，它们将健康文化有机地融入休闲健身和体育旅游活动之中，是社会大众获取健康的承载者，同时在满足群众健身、休闲需求的基础上让社会群众获得了健康知识，提升了健康意识，树立了健康理念。这些对宁夏休闲体育旅游产业的发展起到了一定的助推作用。

2. 宁夏回族自治区休闲体育旅游产业市场环境现状

（1）旅游市场概况

宁夏休闲体育旅游产业正迎来产业发展的黄金期，有着广阔的发展前景。

"十二五"规划提出以来,自治区党委、政府高度重视体育旅游业的发展,出台了《关于加快体育产业促进体育消费的实施意见》,宁夏体育产业中心积极探索体育与旅游融合发展的相关文件,这些都为宁夏休闲体育旅游提供了良好的政策环境。同时宁夏有着丰富的体育旅游资源,尤其是沙漠休闲体育旅游在宁夏具有一定的基础。近年来,宁夏一直在积极参与体育文化、体育旅游相关博览会,旨在把宁夏的风土人情和休闲体育资源宣传出去,因此宁夏政府对于宁夏休闲体育旅游产业加大了支持力度。由于休闲体育旅游产业隶属于生活服务型行业,与多产业都有较高的关联度,宁夏良好的旅游产业基础可以更好地带动休闲体育旅游产业的发展。最近几年,宁夏的旅游业得到了空前的发展,从接待人数到旅游收入逐年升高。2019 年全区接待游客 4011.02 万人次,其中国内游客 3998.45 万人次,入境游客 12.57 万人次;实现旅游经济收入 340.03 亿元,国内旅游与收入 335.56 亿元,旅游外汇收入 4.47 亿元,主动旅游指标实现稳步增长。

(2)休闲体育旅游市场概况

宁夏休闲体育旅游市场还处于发展初期,因为休闲体育旅游要求具备一定的专业性,这就要求参与者要具有一定的体育专业知识或者参与项目时有专业人才的教学辅助。然而目前宁夏休闲体育旅游市场缺乏专业人才,服务人员只是经过简单培训就上岗就职,大部分服务人员资质不够,导致休闲体育旅游项目安全保障度不高,成为宁夏休闲体育旅游市场的一大隐患。据调查可知,宁夏经济较发达地区相对较少,居民收入水平一般,而宁夏景区内休闲体育旅游项目普遍收费又较高,使游客望而却步,导致游客的参与兴趣大幅度降低。这主要是因为休闲体育旅游产业隶属于体育产业,而体育产业是我国体制改革中最晚进行改革的行业之一,改革尚不够彻底,产业管理不规范,存在漏洞,从而导致宁夏休闲体育旅游市场服务质量不高。同时,休闲体育旅游有很强的时效性,如春秋两季适宜登山、徒步等,夏季适宜水上项目,冬季适宜开展冰雪运动,若错过最佳时期,体育旅游市场便随之消失。目前宁夏休闲体育旅游市场没有把握住时机,严重制约了宁夏休闲体育旅游产业的发展。不过宁夏拥有丰富的民族旅游资源和独特的民族旅游项目,加上近年来宁夏政府注重发展休闲体育旅游产业,加大了对休闲体育旅游产业的宣传力度,积极承办体育赛事,旨在打造宁夏本地的休闲体育旅游品牌。这些都进一步加强了宁夏休闲体育旅游的吸引力并扩大了辐射范围,这也充分证明了宁夏休闲体育旅游市场发展空间巨大,发展前景广阔。

就目前宁夏休闲体育旅游市场来看,宁夏现凭借独特的沙漠资源优势,通过长期不断探索,将沙漠体育运动从无做到有,逐渐声名远播。至今宁夏沙坡头景区已经连续 4 届承办了全国大漠健身运动大赛，这也成了宁夏的一个休闲体育旅游品牌。自 2007 年首届全国大漠健身运动大赛在宁夏沙坡头景区举办以来，其得到了社会各界的认可，由此宁夏体育局决定每两年在沙坡头景区卷不能一次大漠健身大会，来推动中卫市的旅游产业发展。经过不断努力，全国大漠健身大会被国家体育总局社会体育指导中心评为"全国地方最佳赛事"。宁夏将沙漠特色挖掘放大，逐渐开发了以沙漠体育项目为主的沙漠休闲体育旅游项目。同时宁夏还举办了众多大型体育赛事，例如沙漠马拉松万人徒步穿越赛、超级皮卡挑战赛等。近几年，宁夏体育局结合了各地体育资源优势，组织引导宁夏各地区体育部门全域联动，依托地域资源禀赋和历史传统，让宁夏休闲体育旅游产业从南到北落地生花，让固原市围绕"山"、吴忠市围绕"岸"、中卫市围绕"沙"、银川市围绕"廊"、石嘴山市围绕"矿"，五地休闲体育旅游产业共同发展，呈现出蓬勃发展态势。近年来，固原市依托六盘山，大力发展以"山"为核心要素的户外运动项目，每年举办徒步、攀岩、骑行等一系列赛事，六盘山国际登山节和彭阳山花节暨全国自行车越野赛已经成了固原体育旅游品牌。吴忠黄河金岸已经成为体育的"金色之地"，盐池航空体育嘉年华、青铜峡牛首山徒步大会都已成了吴忠市的特色"体育名片"。中卫市依托黄沙大漠，深度开发越野、探险、穿越等各种沙漠运动项目，积极打造成独具魅力的沙漠运动休闲之城。银川马拉松将银川三区串联起来，经过三年的发展，已经荣升为全国最美赛道特色赛事，成了宁夏首府的一张"城市体育名片"。与此同时，石嘴山市不甘落后，紧随银川市的脚步，石嘴山星海湖景区每年都会承办铁人三项赛、环星海湖公路自行车赛和半程马拉松赛等，这些都为宁夏休闲体育旅游产业注入了巨大的活力。

第三节　滨海休闲体育旅游产业的可持续发展

一、滨海休闲体育旅游产业的"竞合"发展原则

（一）共赢发展

将滨海休闲体育旅游作为一个整体来协同制定发展战略，统一规划与开发，突出地方特色，做到旅游产品的多元化、差异化发展，实现真正意义上的区域内统筹协调与合作共赢。

（二）高端发展

进行滨海休闲体育旅游结构的战略性调整，利用高端技术、高端产品和高端服务推进滨海休闲体育旅游项目的现代化、特色化和国际化进程，提升滨海休闲体育旅游带的核心竞争力。

（三）可持续发展

加强滨海休闲体育旅游带管理机构和企业服务机构的协作交流，坚持"在开发中保护，在保护中开发"的生态用海理念，尽量避免非整体性开发带来的环境和生态问题，实现滨海休闲体育旅游产业的可持续发展。

（四）开放发展

充分利用海洋与陆地两种资源、国内与国际两个市场，在更大范围、更广领域、更高层次上搞好对内对外的双向开放，把滨海休闲体育旅游打造成全国一流、国际知名的滨海高端休闲旅游示范区。

二、滨海休闲体育旅游产业"竞合"发展框架方案

（一）第一阶段框架方案——打基础、服务长远阶段

"竞合模式"下滨海休闲体育旅游带内的交通设施、服务设施、基础场馆和市场营销网络等基础性设施基本建立，区域旅游合作协调机制已形成并发挥一定的作用。同时滨海休闲体育旅游被科学统一规划，各地特色滨海休闲体育旅游项目建设在统筹协调、合作交流的基础上加快推进，滨海休闲体育旅游结构体系清晰，产品体系进一步健全，滨海休闲体育旅游产业的辐射和深化功能初步突显。

（二）第二阶段框架方案——全面提升、快速发展阶段

滨海休闲体育旅游产品在区域合作的基础上被大规模地丰富和多元化创新，发展环境得到全面改善，资源配置和产业结构进一步优化。同时滨海休闲体育旅游与其他相关产业的关系更加协调，其整体竞争力进一步被提升。

（三）第三阶段框架方案——做大做强、逐渐成熟阶段

滨海休闲体育旅游被做大做强，已能最大限度地综合利用社会资源，拓展新

的市场，旅游市场已向国内、国际中远游客市场快速拓展。因此，滨海休闲体育旅游产业成为独具特色、世界一流的产业。

三、滨海休闲体育旅游产业可持续发展的策略

（一）加强对滨海休闲体育旅游人才的培育

滨海休闲体育旅游产品开发的核心就是充分利用知识、人力、资金等推进要素，挖掘资源潜力，高起点、高品位、高水平地开发和设计滨海休闲体育旅游产品，创造出内容丰富、独具特色、质量上乘、竞争力强的滨海休闲体育旅游带品牌。所以多途径、多层次地培养和引进高能力、高素质的滨海休闲体育旅游专业人才是当务之急。

首先，要解决当前滨海休闲体育旅游管理人才紧缺、专业服务人员匮乏等问题。可通过设立专门机构或在一些综合类院校开设短期培训班和辅导班，而对滨海休闲体育旅游从业人员开设"滨海旅游""休闲体育""旅游营销""旅游管理"等相关专业课程，切实提高从业人员队伍的技能水平、服务意识与管理能力。

其次，从长远利益出发，政府相关部门可在综合实力强的院校开设滨海休闲体育旅游的专业课程，或通过整合旅游院校及体育院校的教育资源，把一些体育院校的涉水运动专业与旅游院校的旅游专业结合起来，培养高素质的滨海休闲体育旅游专业人才。

再次，要加快滨海休闲体育旅游人才交流政策的制定步伐，统一制定滨海休闲体育旅游行业服务标准，同时互相认可体育专业技术人员的从业资格，形成区域内自由流动的人才环境。

最后，可通过创造优越条件吸引国内外优秀的滨海体育规划、产品开发、经营和管理等优秀人才，并定期组织这些专业人才通过各种形式的论坛或交流会对滨海休闲体育旅游项目进行精心论证，使各地能根据不同地理环境特色、不同休闲健身项目品牌、不同旅客目标需求等进行滨海休闲体育旅游主题设计，真正打造出各种现代化、国际化的滨海休闲体育旅游品牌。

（二）科学、统一规划滨海休闲体育旅游营销战略

缺乏统一、明确的形象定位是滨海休闲体育旅游开发的一大缺陷。把滨海休闲体育旅游作为新的整体旅游形象进行明确的定位，树立"大旅游"观念，协同制定发展战略，统一制订专门的营销宣传方案，面向国内、国际两个市场，全方

位、多渠道、大密度地展开营销宣传攻势；同时把整体形象宣传和名品、精品宣传相结合，展示滨海休闲体育旅游的魅力和价值，吸引更多的商家和游客进入滨海休闲体育旅游地。

首先，要充分发挥媒体的宣传推介功能，利用电视台、广播电台、网络、报纸、新闻发布会、文化活动、游艺活动和广告等多样化传播媒介，从不同层次、不同角度宣传造势，有效提高滨海休闲体育旅游在国内、国际的传播能力，扩大滨海休闲体育旅游的影响力。

其次，要利用各种大众传播手段及旅游展会、交易会、网络促销等灵活多样的方式进行立体促销，提升滨海休闲体育旅游品牌的知名度和对外开放水平，并全面推向市场。

再次，各城市间要在深入合作的基础上健全新闻发布制度，着力增强舆论引导滨海休闲体育旅游的消费主动性，同时加大网上正面宣传力度，着力营造文明和谐的网络舆论环境。

最后，为保障宣传推介工作的长期持续开展，应广泛沟通、加强合作，建立长期稳定的旅游促销经费来源机制，以增强滨海休闲体育旅游的长期吸引力。

第七章　现代休闲体育健身产业的发展

我国经济正在迅猛发展中，人们的生活条件越来越好，对生活质量的要求也越来越高，慢慢地意识到了健康的重要性，休闲体育健身产业逐渐发展起来。本章分为休闲体育健身产业基本理论、国内外休闲体育健身产业的发展、现代休闲体育健身产业的市场营销策略三部分，主要包括休闲体育健身产业的含义、休闲体育健身产业的特点、休闲体育健身产业的结构、国外休闲体育健身产业的发展、国内休闲体育健身产业的发展、现代休闲体育健身产业市场营销的概念、现代休闲体育健身产业市场营销的策略等内容。

第一节　休闲体育健身产业基本理论

一、休闲体育健身产业的含义

休闲体育是一种体验，人们从事休闲体育的目的多种多样，在这些目的中，往往有一个或几个在休闲体育活动中占据主导地位。按照体验的不同，可以将休闲体育概括为：基于身体问题的休闲运动、基于维持身体健康的休闲运动、基于自我完善的休闲运动、基于结果的休闲运动、基于社交符号的休闲运动以及基于爱好的休闲运动。

产业经济学提出，技术、物质资源和资本构成了产业的三个基本要素，这三者是不可或缺的。同时，产业需要满足以下两个条件：首先，产业必须有投入（投入人、钱、物等）和产出（物质产品和精神产品）；其次，产品必须进入市场。休闲体育健身产业为体育、健身、休闲等行业提供人力、财力、物力支撑，可以为社会提供满足人们休闲体育需求的各种产品和服务，这些产品和服务逐渐成为公共体育中不可或缺的要素。这就决定了休闲体育健身是国民经济的一个产业，已经进入市场，所以休闲体育健身产业是一个集合了多种社会部门服务的产业领域，目标在于不断满足人们的体育文化需求。它包括体育产品和服务，而这些产品和服务与整个商业活动有关。

21世纪是一个开放的时代、发展的时代，在吸取了人类数千年文化精华的基础上，人类的休闲时代已经来临。莫利（Morley）是华盛顿地区公共策略预测部的主席，他的看法是"下一个经济潮流将会集中在休闲、娱乐和旅游业，并将成为全球趋势"。当今时代的主题已经不断向休闲发展。著名的未来预测家格雷厄姆·莫利托（Graham Molitor）也认为，在新千年，促进世界经济发展的第一引擎就是休闲。新千年中的很多趋势都促使一个新社会的出现，而这个社会正是以休闲为基础的。

作为新兴产业的休闲体育健身产业逐渐成为我国体育及相关产业的一个重要组成部分，并且成为一些体育及相关产业的核心所在。它从刚开始发展到现在逐渐成熟，其发展速度还是相当快的。特别是近十来年，休闲体育健身市场已成为我国体育服务市场的主体市场，处于自由竞争和自我发展阶段。

二、休闲体育健身产业的特点

休闲体育健身产业与人的本性有着密切的关系，同时也与人的社会属性有着千丝万缕的关系。人们在健身娱乐的过程中，既可以满足人的本能的需要，也可以从身体的运动中得到快感，还可以在这样的娱乐中和社会上的其他个体进行愉快的接触。休闲体育健身产业具有其自身的特点和发展规律。

休闲体育健身产业是一种以人类社会特有的娱乐活动形式为基础的产业，其根源在于人类作为自然生物的动力，同时其被人类社会彻底改造，具有明显的人类文明特征。按照马克思主义的基本原则，不论是休闲工业还是体育健身娱乐工业，都必须具备以下两个社会必要条件：一是社会物质极其丰富，人民生活水平得到提高，文化、艺术、体育等社会行业的发展水平得到提高；二是有更多的闲暇时间，以此为基础的运动、健身、娱乐产业必将成为人类社会的一种新兴产业。它的发展对经济的发展、消费的拉动、产业结构的调整、就业的增长都是必不可少的。

（一）健身娱乐性

休闲体育健身符合大众健身的要求：难度低，易掌握，趣味性强，并且在体育运动中融合了娱乐性、审美性和教育性，可以满足人们娱乐身心、享受生活的需求。学者万文君指出，休闲体育健身活动是指人们在工作之余的余暇时间，为了满足自身内部活动的需要，以追求健康、快乐和幸福的生活为目的，从而自主选择、自觉进行的具有积极意义的各种活动的总称。

（二）大众性

休闲体育健身的项目往往符合大众的审美、运动能力，有一定普遍性特点。如近几年流行的广场舞和暴走运动，都因其最大限度地贴近大众，使用大众喜闻乐见的形式，提高了大众对体育健身的兴趣，赢得了更多的参与者。

（三）可选择性

因为人们进行休闲体育健身的目的一般是获得身心健康和休闲娱乐，所以不同项目之间具有可替代性，因其要达到的目的都是一致的。

（四）对劳动本身的依赖性

因为休闲体育健身产业是以服务的形式面向消费者的，所以服务的质量就依赖于劳动人员的态度、专业性等。

（五）消费与生产的同时性

从经济学角度来看，服务业的生产与消费是紧密联系的，两者具有时间上的共时性特征。无论休闲体育健身活动是积极的还是消极的，它的服务供给与消费过程是同步的。当然，在一些制造业、建筑行业中也存在着一些运动、健身、娱乐项目，但对整个行业的影响相对较小。

（六）产业融合性

休闲体育健身产业是依托社会、经济和相关服务业的发展而产生的。为了更好地发展，休闲体育产业与旅游业、休闲服务业、同行业内部子行业等相结合。此外，休闲体育健身产业与相关产业也有一定的融合，如与体育、健身有关的行业，包括餐饮、住宿等。休闲体育健身产业与其他产业相结合，使我国的休闲体育健身产业得到了稳定、快速的发展。

（七）时尚性和流行性

在经济和文化高度发达的今天，参加体育运动已成为一种潮流。一方面，为了显示其所属阶级的阶级均等,人们积极参加体育健身运动。而另一方面,则是用来区分自己和其他阶级。因此,齐美尔认为,"时尚"是一种"二元"属性。参与者的这种时尚感也使休闲体育健身产业自身具备了时尚性。

三、休闲体育健身产业的结构

休闲体育健身产业是集生产、制造、销售、设施和服务为一体的综合性产业,它是一个产业集群,是休闲体育及相关产业中不可或缺的一部分。所以,由于标准不同,休闲体育健身产业的结构划分也有所不同。根据休闲体育健身产业的功能,可以将该产业分为四类,第一类是休闲体育健身主体产业,第二类是休闲体育健身相关产业,第三类是休闲体育健身延伸产业,第四类是休闲体育健身边缘产业。

(一)休闲体育健身主体产业

指利用休闲体育健身产业自身的特性生产或服务的部门,它是这个产业的部门群。也就是说,在生产和服务部门使用类似价值的产品组。有些基本属于无形的非物质产品(如体育健身娱乐业、体育健身训练业和体育比赛表演业等)。

(二)休闲体育健身相关产业

指生产或服务部门,其把体育健身和休闲作为一种重要的资源和手段。它在分类上不属于休闲体育健身行业,但与该行业密切相关,为休闲体育健身主体产业的生产创造条件。它是一种产业链,即产品生产和服务部门相结合,是具有一定关系的横向结构。例如,健身产品、器材、鞋帽以及与休闲体育健身有关的服装,基本上是有形的实物产品。

(三)休闲体育健身延伸产业

即围绕体育健身与休闲产业形成,各部门之间没有质的联系,但也存在一定的关系,如相关的体育彩票、体育保险、体育金融、体育旅游和体育新闻等。它们构成一个产业网络,即几个产业链纵横交错,这些都是无形的产品。

(四)休闲体育健身边缘产业

指为不断提高体育主体产业的效益而提供综合服务的部门。为实现休闲体育健身产业目的而开展的辅助服务项目也应成为体育健身产业的一部分,如高尔夫球场的餐饮业、销售和旅游业等。按形态结构划分,根据休闲体育健身产品的形式,休闲体育健身产业有体育用品生产部门和非实体产品生产部门两部分。休闲体育健身产业是一个非常广泛的工业群体，休闲体育用品业、休闲体育设备制造业、休闲体育建筑业、运动服装制造业和保健食品供应业等属于第二产业。生产非实体产品的部门被称为体育健身和休闲服务产业，如体育和健身产业、比赛和表演产业、教育和培训产业、旅游产业以及媒体产业和经纪人产业。体育用品提供产业和健康食品提供产业来自健身和休闲体育用品制造及健身和休闲运动服务的横断面，体育设施管理产业源自休闲体育设施和休闲体育服务的横断面，属于第三产业。

第二节　国内外休闲体育健身产业的发展

一、国外休闲体育健身产业的发展

欧美等发达国家的休闲体育健身服务提供方具有不同的特征，并且其运动健身产品供应充足，可满足社会各界人士的需要。在国家大力提倡健康的生活方式的影响下，开展了有关运动的知识普及活动，从而推动了人们健康体育理念的形成。休闲体育和健身用品的供应并非由政府主导，而是由政府负责的，政府只需要进行必要的基础设施建设和现有公共体育设施的日常维修；私人俱乐部、社区和企业生产娱乐性的商品，政府税收的下降使得竞争更加激烈；私人企业的休闲体育健身活动蓬勃发展，各种休闲体育健身产品的种类繁多，可以满足不同人群的不同需要，从而增加了人们对休闲体育运动的需求。

休闲体育健身产业链的一体化和延伸，对相关行业的发展起到了巨大的推动作用。欧洲、美国等国家的休闲体育健身产业都以市场经济为基础，通过纵向和横向一体化的产业链，可以有效地提高企业的价值和核心竞争力，从而延长企业的寿命、提高企业的附加值。

二、国内休闲体育健身产业的发展

（一）休闲体育健身产业发展的社会环境

1. 大众健身

我国社会的不断进步与劳动者素质的提升有着密不可分的关系，同时也是促进劳动者素质综合发展的前提和基础。相关资料显示，到目前为止，我国的大众体育健身工作与相关服务发展较为滞后，不能与人们日益增长的体育锻炼需求相适应。大众体育发展的宗旨是建设一个体育强国，同时也是促进人们素质提高的关键渠道。我国政府相关部门制定了体育发展的"十三五"规划，对体育建设做出了明确的规划，并且确定了大众体育发展的具体目标。到2020年，相关数据显示，经常参与体育健身的人数已经达到了4.33亿人，人均体育场需求面积已经达到了1.7 m^2。

除此之外，"十三五"规划当中还明确指出，要把大众体育与竞技体育有机结合。这在一定程度上对我国大众体育的快速发展起到了积极的推动作用，同时还提高了人们的身体综合素质。

另外，还要深刻理解社会文化建设、社会发展与体育健身的密切关系，增强人们的健身意识，激发人们健身的积极性，使人们在激烈的社会竞争中能够更加理性，回归自我。

2. 全民健身

从国内环境看，"十四五"时期是我国转变经济发展方式、优化经济结构、转换增长动力的关键时期，人民对美好生活有更多期盼。尽管外部环境的不确定性和挑战更多，但我国的经济发展仍然处于重要战略机遇期。特别是在中国共产党的坚强领导下，我国制度优势显著，治理效能持续提升，经济长期向好的趋势未变，物质基础雄厚，人力资源丰厚，市场空间广阔，发展韧性强大，社会大局稳定。这是未来我国全民健身运动继续发展的坚实基础和根本保证。加上新冠肺炎疫情诱发人们对健康及生活方式的重新认识和关注，全社会更加重视全民健身；未来中等收入群体规模将不断壮大，对全民健身的需求也将持续增长。

同时，对可能会对全民健身发展产生影响的变化趋势也需要进行科学分析和把握。

①锻炼常态化。需要制订有针对性的健身计划以不断提升民众免疫力，形成强化人体自身识别和抵御外来病毒或细菌侵袭的防御机制；发挥运动促进健康的多元功能，消解因疫情而被动改变生活方式和饮食习惯对机体产生的次生伤害。

②经济高质量发展。需要抓住体育被列为新兴产业的机会，切实发挥全民健身推动体育产业高质量发展的基础作用；通过推进运动与健康产品及服务的供给侧结构性改革，撬动相关产业发展和扩大消费，形成经济发展新的增长点。

③社会治理现代化进入全面推进期。党的十九届四中全会审议通过的《中共

中央关于坚持和完善中国特色社会主义制度 推进国家治理体系和治理能力现代化若干重大问题的决定》提出:"聚焦增强人民体质,健全促进全民健身制度性举措",对新时期全民健身治理体系与治理能力的现代化提出了更高要求。

④改革进入攻坚期。要求持续深入推进体育领域"放管服"改革,将政策的顶层设计与实践相结合,探索更多全民健身改革的先行路径,积累更多改革的经验。

⑤人口老龄化进入突显期。预计到 2025 年,我国 60 岁以上人口占比将达到 20.5%,65 岁以上人口占比将接近 14.0%,养老、医疗等社会保障负担加重。加强体养结合、促进健康老龄化应成为"十四五"时期以及未来 10～20 年内考虑的重点。

⑥信息化进入新一轮革命期。需要高度重视人工智能、物联网、云计算、大数据等新技术在全民健身领域的应用,探索智慧健身服务新模式。通过技术赋能满足群众的个性化科学指导需要、服务者的人性化精准服务需要以及监管者的精细化高效管理需要,实现资源的有效利用,形成智慧健身新业态。

⑦政府财政进入紧缩期。这将对政府全民健身投入的方向及方式产生影响。要求坚持量入为出原则,确定好重点领域、重点项目,根据重点项目实际发展需要和财力科学核定预算,并在项目支出中体现节支要求。同时,在全民健身投入方式上要注重汇聚多部门资金并形成合力,以及充分发挥财政资金对市场的引导培育作用,提升自我保障和发展能力。

(二)休闲体育健身产业发展中遇到的问题

1. 休闲体育健身消费能力不强

就目前的现实来看,我国居民的体育意识普遍较弱,休闲观念相对落后。目前,我国参与体育锻炼的以老年人为主,中青年人的参与率最低。

此外,我国居民的整体收入水平依然偏低,这对我国的体育健身消费有一定的影响。根据相关数据可知,除了日常生活开支以外,我国居民的教育开支依然是最多的,占到了 15.9%,体育消费只占 4%。

2. 有效需求与有效供给均不足

与发达国家相比,我国的休闲体育健身产业还有较大的上升空间。从整体上看,我国的休闲体育健身消费水平较低,近十年来虽然发展迅速,但整体规模依然较小,与发达国家相比还有一定的差距。

此外，我国休闲体育健身产业存在着一定的组织结构不规范、经营管理水平低下、市场差异化程度低等问题。尤其是中西部和广大农村地区的休闲体育健身产业发展速度很慢，供应能力很弱，严重影响了我国休闲体育健身产业的发展。

3.休闲体育健身产业发展不均衡

这种不均衡主要表现为以下三个方面。

一是地域分布不均衡。各地区因经济发展水平不同而存在较大的差异。

二是城乡发展不均衡。绝大多数的休闲体育、健身设施和服务机构都集中于大中城市，而广大农村地区的休闲体育、健身设施和服务机构相对匮乏。

三是项目发展不均衡。目前，健身、各种舞蹈、乒乓球、羽毛球、网球、台球、瑜伽等活动较多，服务项目同构化程度较高，产品差异不大，管理缺乏特色。

4.休闲体育健身产业统计体系不健全

休闲体育健身产业统计是确定我国休闲体育健身产业在国民经济中的地位及与其他行业关系的一个重要指标。然而，我国至今还没有制定针对休闲体育健身产业的统计指标，一些省、市虽然也组织了一次全国性的体育行业普查，但是没有一个统一的标准。导致了统计数据的可比性不强，不能反映出休闲体育健身产业的实际状况，也不能反映出休闲体育健身产业在国民经济中的作用和地位，从而影响政府对休闲体育健身产业的扶持。

5.市场法规不健全，管理有待进一步加强

目前，我国虽然出台了有关休闲体育健身产业发展与管理的法律法规，但在我国休闲体育健身产业的法律法规体系中，存在着许多问题，如存在着法律、法规、规章不健全等问题。当前，我国休闲体育健身产业的管理也相对薄弱，存在着市场准入制度不健全、经营管理水平低下等方面的问题。

（三）休闲体育健身产业发展的有效路径

1.战略创新

以新经济增长理论为借鉴，基于人民日益增长的美好生活需要和不平衡不充分的发展的社会主要矛盾的变化，立足破解我国休闲体育健身产业"供需失衡"的结构性问题，坚持深化休闲体育健身产业供给侧改革，激发市场活力，增强消费动力，推动休闲体育健身产业的高质量发展。

2. 制度创新

建立健全明确的所有权、明确的权责、严格保护、流转顺畅的现代体育产权体系，深入推进"放管服"，提升政府治理能力，避免政府"越位""缺位""市场失灵"等"边缘"效应。建立政府与市场的互补机制，消除制约休闲体育健身产业发展的体制和机制障碍，减少体制内耗，为休闲体育健身产业高质量发展提供管理高效、运行通畅的重要制度保障，健全和完善休闲体育健身产业高质量发展的人力资本培养体系。

3. 管理创新

第一，区域协同发展。以市场和社会的需要为指导，根据当地的人文、自然、经济等资源要素进行科学规划和布局，加强休闲体育健身产业的资源整合与创新，形成优势互补，协同推动休闲体育健身产业生态圈和产业链的形成。

第二，跨界融合发展。促进休闲体育与大众体育、竞技体育的协调发展，促进休闲体育健身产业与相关产业的跨界融合，加快推动休闲体育健身产业与互联网、大数据、人工智能等科技的深度融合，运用先进的科技和管理手段，提高休闲体育产品生产、流通、消费的运行质量和效率。

4. 科技创新

首先，人才培养和科研是基础。加大休闲体育健身产业高素质人才的培养力度，储备和提升科技创新型人力资本存量，为休闲体育健身产业的高质量发展提供动力源泉。

其次，拓展应用是重点。加速对大数据、云计算、物联网、区块链、人工智能、体育品牌制造、体育服务技术创新、服务流程优化、商业模式更新的开拓应用，延伸体育产业链，提高休闲体育健身产业发展的质量和效率。

最后，协同创新是提升。以科技创新为核心，利用先进的数字化、网络化、智能化科学技术不断突破地域、组织、技术的界限，进行跨区域、跨组织、跨行业的协同融合发展，实现要素驱动向创新驱动的动力变革。持续推动产品的革新与经营方式的革新，进而促进休闲体育健身产业的效能与品质的转变。

第三节 现代休闲体育健身产业的市场营销策略

一、现代休闲体育健身产业市场营销的概念

市场营销又称为市场学、市场行销或行销学，简称"营销"，指的是个人或集体通过交易其所创造的产品或价值，以获得自己所需之物，最终实现参与交易的各方双赢或多赢的过程。

市场营销的本质是社会活动，在不同的应用场景下会出现不同解释。它可以是一种行为，指的是企业为发展壮大、实现营利采取的具体动作或者活动；它也可以是一门学科，是研究企业市场营销活动的学问。

在菲利浦·科特勒（Philip Kotler）的研究中，市场营销既可以表现为社会管理过程，也可以是社会活动。在这场社会活动中，其参与者有两种，其一为个人，其二为群体，活动的参与方通过交易来满足双方不同的需求。这就是人类早期市场营销的雏形，即以满足不同参与方的需求为目的组织的活动。后来随着时代的进步，这种不断的发展固化形成了产业化的市场需求，产生了诸如需求、价值、产品等概念。

二、现代休闲体育健身产业市场营销的策略

（一）宣传产业文化

国外对于文化营销的研究主要集中于跨文化营销研究上。保罗·赫比格（Paul Herbig）在《跨文化市场营销》中阐述了不同国家和地区的文化对营销的影响，分析了标准化与适应性跨文化策略，并提出了跨文化营销分析框架。弗恩斯·特朗皮纳斯（Fons Trompenaars）和皮特·伍尔莱姆斯（Peter Woolliams）在《跨文化营销》中分析了营销环境中的文化差异导致的困境，通过案例剖析了跨文化营销理论的内涵与意义，为跨文化企业提供了思考营销方法的框架。

国内诸多学者对文化营销理论的概念、功能与价值等方面做了分析研究。刘芳等提出文化营销是有意识地发现、甄别、培养或创造某种核心价值观念来达成企业经营目标的一种营销方式。同时文化营销强调物质需要背后的文化内涵，把

文化观念融入营销活动全过程,认为整个营销过程是一个文化价值传递的过程。陈艳彩认为文化营销理论在品牌传播中具有增加产品附加值、提升企业形象等作用,并从产品、渠道、价格、促销四个方面探讨了实现文化营销价值的形态。

文化营销是现代人的追求。现代人的生活观不只是满足基本的衣、食、住、行需要,更多的是满足实现自我价值的需要,而休闲健身运动就体现了这一文化内涵。如健身街舞不单单是一种健身方式、一种新的动作体现,更体现了年轻人追求自由、尽情表现自我的内在的个性文化。有氧健身操体现出的洒脱、豪放、生命运动不息的文化传承,体现着现代人积极生存、奋斗拼搏的生活观念。现在愈来愈多的消费者走进健身俱乐部就是为了追求这样一种生活方式。

休闲体育健身产业的文化营销活动一般奉行以下几项原则。

①形成休闲体育健身产业特定的文化理念、宗旨、目标。

②建构休闲体育健身产业自身的经营管理制度并打造品牌个性等。

③赋予健身产品特定的文化内涵,使消费者感到这种健身产品所体现的价值观与自身的价值观相一致。

(二)做好市场调研

休闲体育健身产业应明确自己的社会定位与面对的客户群体,针对这些客户群体做好市场调研,如门店周围的业态、常住人群、竞争对手、消费水平等,综合利用网络营销、体验式营销、长尾营销等营销策略推出适合自己所面对的客户群体的产品。

(三)建立人际关系

关系营销导向是营销学术界炙手可热的一个学术范畴,有学者提出关系营销导向被企业看作是与其联系者建立合作、彼此信任、互利共赢、共同发展的一种独特价值观和一种营销理念。关系营销导向研究成果中具有代表性的观点认为关系营销导向是一种组织文化,包含着独特的价值观,认为企业战略及企业维持发展的核心就是关系,拥有 6 个维度,即信任、沟通、联结、互惠、理解、价值观共享。

另外,有学者将企业实施关系营销导向策略的行为或倾向看作是其维持顾客的关系的一种付出成本,认为关系营销导向可以被划分成定制化服务维度、沟通维度、个性化维度和个人关系维度。定制化服务指的是企业会根据客户独特需求对其产品进行适当修改;沟通必须保证传递信息的方向是双向的、即时性的,是双方可以共享的，是可以互相影响的一种维持关系的方式；个性化的本质是一种服务活动，服务活动的内容是对能够为企业提高利润的客户给予优先权或特殊权利，也可以适当地提供一些优惠的服务政策；个人关系是指企业与客户建立起良好的长期且亲密的关系。

休闲体育健身产业关系营销是产业与顾客、内部员工、政府、竞争者、社会组织等利益相关者建立、保持并增进关系，通过互利交换及共同履行诺言，使有关各方实现各自目的的营销方式。

休闲体育健身产业是高接触度的服务项目，所以和消费者建立良好的关系是至关重要的。休闲体育健身产业的信誉主要靠口碑来获得，让消费者对产业产生信任和保持忠诚，而关系营销是最好的方式。关系营销的核心是满足顾客的基本需要和实现企业的基本目标。休闲体育健身产业与消费者之间的关系应该是朋友关系，这对消费者保持忠诚是至关重要的。简单地说，休闲体育健身产业与客户建立起"一对一"关系或对话的任何营销方式，都可以称为关系营销或忠诚度营销。休闲体育健身产业应当详细了解顾客个性及其消费习惯和行为，这种了解是通过双向的交流与沟通来实现的。

（四）引导用户体验

体验营销是一种较新的营销理念，主要是指企业通过加强客户体验设计，借助相应的情境来更好地使客户产生美妙的感受，同时建立顾客忠诚度，提升企业的综合竞争力。这种方式可以更好地满足消费者的体验需求，进一步促进有形产品与无形消费体验的结合，同时也可拉近企业与消费者之间的距离。一般来说，体验营销包含以下几方面的要素。

1. 设施

设施主要是指体验发生过程中的各个物理环境，也是体验质量的外在表现，可以为消费者与商家之间提供良好的互动。如果消费者对某一企业并不了解，设施常常可以给消费者良好的体验感，使消费者对该企业形成良好的第一印象。为此，体验营销首先必须做好设施建设，企业应该重视对设施的投入。

2. 产品

体验并不是虚无缥缈的，是在体验实实在在的产品，只有产品质量过硬，才能更好地给客户良好的体验感。当前很多经营者都会进行复制，经营者虽然可以仿制很多产品的外形，但是却无法真实仿制出产品的内在感情。为了使产品拥有更大的体验价值，企业必须对整个产品进行创新设计，清晰了解产品中的哪一项功能可以真正打动消费者，对这种功能进行重点开发，以便使产品更加具有吸引力，不断提高广大消费者的体验感。

3. 服务

在当前的服务体验之中，很多服务都是由各个细节组成的。为了更好地向消费者提供良好的产品或服务，加强细节服务至关重要，可以说细节服务甚至会决定整个体验营销的成败。休闲体育健身产业的体验营销是指通过采用让目标顾客观摩、聆听、尝试、试用等方式，围绕消费者感官、情感、思考、行动，关联五个方面使其亲身体验休闲体育健身产业提供的产品或服务，让顾客实际感知休闲健身产品或服务的品质或性能，从而促使顾客认知、喜好并购买的一种营销方式。

体验营销以满足顾客的体验需要为目的，以服务为舞台，以休闲健身用品为道具，生产、经营优质的商品，使企业与消费者的关系更加紧密。休闲体育健身产业的主要目的就是提供以休闲健身场地为基础的健身活动，所以消费者只有在休闲体育健身中心进行亲身体验，才能根据自己的预期，与竞争对手提供的产品进行比较，来决定是否消费。体验营销可以使消费者更好地感受到产品的差异，进而巩固消费者的消费观念，形成消费者对休闲体育健身品牌、产品、服务的忠诚。休闲健身消费是一个体验的过程，休闲体育健身产业可以充分利用各种营销手段，让消费者每次来都能有一次美妙的体验，从而为他们的生活增添无限的光彩。休闲体育健身产业能够在运动的各个环节中设计出不同的风格、不同的特点，从而为消费者带来不同的体验。体验营销主要有以下几种方式。

①感官体验。休闲体育健身产业在对环境设计风格、主题、广告、整体形象设计上，充分地利用视、听、嗅、味、触五种感官的美好体验使消费者获得美的享受。

②情感体验。运用人、机构和情境等情感介质对消费者的情感进行刺激，使之产生美好的情感体验。营销人员微笑的面孔、健身教练激情的动作、功能完善的设施和运动空间悦耳的音乐，无一不给消费者一种动感、富有生命力的情感激励。

③思考体验。消费者进行休闲体育健身是渴望学习和掌握一些健身知识，所以应利用一些墙报宣传、知识讲座等富有创意的方式引起消费者的好奇、兴趣，对问题进行集中或分散式的思考，为消费者创造认知和解决问题的体验。

④行动体验。消费者在每一次的健身行为中都会产生不同的身体感受。教练员要很好地运用这一体验方式，精心设计每一次课，通过增加消费者的身体体验，指出他们做事的替代方法、替代的生活形态与互动方式；同时丰富消费者的生活，从而使消费者自发地改变生活方式，使消费者在锻炼中感受不同的行动体验。

⑤关联体验。消费者通过在感官、情感、思考与行动等层面的体验，个人对理想自我、他人和文化等一系列社会系统产生关联，使自我与休闲体育健身产品相融合。如让消费者参加一个健身操项目，使健身操所体现出的自由、激情、狂热的个性特征被消费者感知，产生关联体验，进而使其更加喜欢这一健身方式。

（五）直营、加盟并行

休闲体育健身产业想要通过开发周边产品和衍生品牌来实现规模效益，从目前来说还是比较困难的，所以休闲体育健身产业要想实现规模效益，直营与加盟并行无疑是最好的选择。直营店可以最大化地执行公司总部的所有战略决策和规章制度，沿着公司的发展道路前进；但是直营店的前期投入很难在短期内回本，并且有一个长期的回本过程。加盟店缴纳加盟费并给总部管理费，以及后期的培训费用，这不但减少了休闲体育健身产业开业时的压力，而且也增加了休闲体育健身产业的收入。并且加盟商在各地开店，大大提高了品牌的知名度，这不但有利于快速回笼资金，而且还能加快公司发展的速度，随着门店的增加，规模效益也随之而来。

直营店和加盟店各有利弊。直营店应提高管理效率，综合利用各种周边产品以及门店的附加产品，使前期投入快速回本并且实现赢利。而加盟店在快速扩大规模的同时，也要制定相应的规章制度，加盟商应遵守这些规章制度，使品牌的口碑不受损。加盟商的门店规格、运营模式、装修风格等应与直营店保持高度一致，不能因只寻求一个品牌的加持而忽略了品牌的核心价值。如光猪圈为了快速提高知名度、占领市场，从一开始就推行加盟的政策，直营门店占比很小。由于没有制定一套有约束力的规章制度，只是一味地收取加盟费，也并没有在加盟商的后续经营中持续跟进，大多数的加盟商只是挂羊头卖狗肉。这对光猪圈的品牌造成了很大的损害，导致现在很多加盟店很难继续经营下去，光猪圈的加盟政策也遭受了质疑。

（六）树立品牌形象

在新经济形势下，企业可以通过规范化的品牌管理和市场营销活动创造更大的经济效益，增强消费者对企业的信任度，全面提升企业综合竞争力。面对各种各样的营销渠道，有些企业缺乏成熟的管理方法和经验，不懂得如何开展高质量的品牌管理和市场营销活动。积极探究新经济形势下企业品牌营销策略，旨在分析现状、解决问题，进一步拓展营销者思路，帮助越来越多现代化企业顺利实施品牌管理方案，提升市场营销效果。

企业品牌管理工作指的是树立一个积极的企业形象，并通过企业文化、企业特色维护这种企业形象。需要注意的是，一个企业的品牌管理工作并不是一朝一夕就可以轻松完成的，在这个过程中，企业要从多维度的视角密切关注市场变化，了解不同时期消费者的消费需求，并根据这些消费需求合理完善企业品牌内涵，通过新理念、新模式落实企业品牌管理方案。

品牌营销是指通过分析顾客的产品需要，以其品质、文化及独特的广告来吸引顾客并产生对品牌、产品、服务的认知。在休闲体育健身产业中，从卖方到买方，从量到质的转型，品牌在市场竞争中起着举足轻重的作用。品牌是一种复杂的符号，是公司或产品的属性、名称、包装、价格、历史信誉、广告手段的总和。一个具有影响力的品牌能够赢得顾客，并不断提高其市场占有率。品牌竞争是指企业的品牌形象与价值，是企业之间的一种新的竞争状态。

树立品牌可从以下几个方面入手。

①分析行业环境。从分析其他休闲体育健身产业开始，准确地掌握它们在消费者心中的大概位置以及它们的优势和弱点。然后寻找一个"新概念"，使自己与其他休闲体育健身产业区别开来。

②卓越的品质支持。休闲体育健身产业必须以优质的业务质量为根本树立良好的品牌形象。这里所说的业务质量是一个综合性品质概念，包括休闲体育健身产业的交通位置、硬件设施、服务质量，以及对服务过失的补偿等。

③通过媒体、广告等方式持续传播。休闲体育健身产业要靠传播才能将品牌植入消费者心里，并在应用中建立自己的宣传体系。要确保在每一次的传播活动中都尽力体现出品牌理念。

（七）进行深度营销

深度营销，就是建立在互联网基础上，以企业和顾客之间的深度沟通、认同为目标，从关心人的显性需求转向关心人的隐性需求的一种新型的、互动的、更加人性化的营销新模式、新观念。它要求让顾客参与企业的营销管理，给顾客提供无限的关怀，与顾客建立长期的合作伙伴关系，通过大量的人性化的沟通工作产生润物细无声的效果，保持顾客长久的品牌忠诚。它强调将人文关怀的理念体现到从产品设计到产品销售的整个过程之中，乃至产品生命周期的各个阶段。

深度营销的核心，就是要在"深"字上做文章。休闲体育健身产业导入深度营销模式的一般流程如下。

①选择容量大或发展潜力大，自己有相对优势的、适合精耕细作的目标市场。

②深入调查，搜集区域市场数据资料，通过市场分析找到开发的重点和突破口，制订有效策略及完善的实施计划。

③完善区域营销管理平台，实现营销前后的整体协同，一体化响应市场的运作机制，提高响应客户需求的速度和能力。

④选择和确定核心客户，开发和建立区域范围内的客户数据库，在特定节日对核心客户给予不同的问候和优惠，构建人文营销价值链。

⑤集中营销资源，提供综合服务和指导，通过电话、网络等方式及时解决消费者在消费过程中所遇到的问题，使消费者感受到最大限度的关怀。

一般而言，休闲体育健身产业发展不平衡和区域差异大等特点将长时期存在，所以深度营销模式将会是国内休闲体育健身产业市场的主导模式。

（八）积极利用网络

网络营销是基于现代营销理论，通过积极发挥互联网的技术优势与综合功能变革营销方法，从实体营销变成网络营销，满足客户的多元化需求，并通过网络拓展市场、扩大销量，进而获得更大效益的经营手段。网络营销最为鲜明的特征就是企业可以吸引众多客户，也可以实现对销售前、中、后等不同环节的追踪服务，从而全面把控用户的需求，不断优化产品与服务，满足客户的需求，落实市场调查，保证客户黏性。

相较于传统营销来说，网络营销的特点可以概括为以下四点。一是虚拟性。网络市场属于虚拟市场，基于这一平台开展营销活动可以有效打破时空限制，使得企业间、企业和客户间可以基于互联网进行充分交流。客户可利用网络平台下达订单，而企业可以结合客户需要寄送商品，并借助网络平台提供售后服务。二是跨时空性。在互联网平台的支撑下，客户能够与企业进行随时随地的沟通互动，下达订单，完成交易，能够显著提高营销效率，帮助企业扩大市场。三是信息真实性。网络营销拥有诸多独特优势，不过想要体现这样的优势，需要坚持诚信经营原则，真正做到公开透明，确保信息真实可靠，让客户在网络空间中接触并了解诸多真实资料。四是经济实用性。网络营销主要是借助网络平台完成交易活动，能够替代过去的面对面实体交易，有效节省成本，属于经济实用的营销策略。

网络营销是一种新型的营销手段，其在一定程度上可以突破时空的局限，能更直接地满足用户的需求。通过互联网可搭建起与客户"全无阻式"的信息交流平台。

第一，信息发布。休闲体育健身产业要紧随网络技术的发展步伐，及时建立自己的官方网站以及微博、微信公众号，及时发布休闲体育健身产业的有关信息。信息发布也是网络营销的基本职能，要有专门的人员进行管理和及时更新。如各类课程的时间安排，各种健身方法、新兴项目的介绍，各种促销活动的报道，还有优秀会员和教练的介绍等，要让网站成为消费者和合作伙伴了解休闲体育健身产业的窗口。

第二，网上调研。通过在线调查表或者电子邮件等方式，可以完成网上市场调研。相对传统市场调研，网上调研具有高效率、低成本的特点，因此，网上调研成为网络营销的主要职能之一。要建立会员对休闲体育健身产业的意见和建议反馈系统，让会员把真实的感受和体会发布在网上。休闲体育健身产业要及时针对会员的意见和想法进行反馈，进行回答或解决问题，把网络变成一个休闲体育健身产业和会员之间交流信息的通道。此外，也可以利用网络组织管理人员的网络会议等交流活动，还可以对经常参加网络交流和探讨的会员给予奖励。

网络资源的潜力是无限的，休闲体育健身产业对网络资源进行合理有效的开发，将成为休闲体育健身产业发展的有效保障。

（九）建立会员制度

按照一般的商业意义，会员是在心理和行为上具有相似性的人群，商家将这一部分人群筛选出来，为其提供独特待遇。有学者将会员卡的出现称为信息革命，因为会员的加入意味着会员要提供其个人信息，为营销提供数据。会员卡中大量的用户消费行为习惯和数据为企业制定营销策略提供了依据。在此意义上，会员制是一种人与人或企业与企业之间的交流方式，企业方面通过一定的方式吸引客户加入，双方建立利益关联。客户方面则对企业产生依赖，增加在企业的消费额度并提高消费频次。对企业而言，会员的加入意味着企业有了更多的潜在消费群体，拉近企业与顾客的距离，巩固两者的关系，对于稳定市场经营有着积极的作用。对客户而言，加入会员意味着能够享受到普通客户所不具备的消费特权，获得更多的实惠。

会员制营销的学术概念来源于1996年亚马逊公司的营销理念，其将客户进行了会员制的划分，通过利益关系保持和客户的联系。发展至今，其成为以会员卡为载体准确识别客户的忠诚度，提供适合顾客的专项商品和服务，维系企业和会员关系的一种营销措施。

客户加入会员的行为是自愿的。这里的自愿也有很大可能是营销人员通过种种条件或者价格优惠的诱导，来让客户加入的。契约性是会员制的一大特色，客户和企业之间形成会员关系后，二者之间有着相互认同的关系。关联性代表着会员本身对企业的认同，其中包含了一定的心里和情感上的认可。

会员制营销的核心在于"会员"，老会员是企业的忠诚客户，不仅为企业带来利润，同时也为企业注入新的会员力量。若会员群体扩大，企业将获得更多的有用信息，这意味着更多的市场客户数据，对于企业改进自身的服务和产品有着重要的意义。会员制的作用表现为以下几点。

一是吸引新客户。当老会员自身的满意度和体验提升时，会主动地充当企业的宣传员，将自身体验感受以口相传，这是展示会员价值的最佳方式。

二是构建和完善强有力的消费数据库。企业在获得客户的消费数据后，这些数据就成为企业开辟市场的依据。例如，对超市而言，后台会员卡的数据可以帮助其收集到大量的消费行为习惯信息，包括消费的时间、消费的品类等。这些数据对企业改进自己的供应链管理模式有着极大的价值。

三是实现客户分类。基于收集的客户数据库信息，将客户进行具体分类。为了促进超市的资源整合和提高效率，对各类顾客应用有别于其他类型顾客的管理体系。

四是实现精准化营销。在消费的个性化趋势下，消费者的数据为差异化服务和营销打下基础。例如超市将女性客户进行分类，针对性地提供女性偏好的产品；针对高龄群体和年轻群体的消费特征，设置不同的产品包装等。

休闲体育健身会员制通过直接招募会员来获取稳定的客户，通常有两种方式，即封闭式会员制（成员数量固定，会员证可转让）和开放式会员制（成员数量通常不固定），还有两种是团体成员和个体成员。对于休闲体育健身产业来说，要想留住一位老顾客，比赢得一位新顾客的成本要少得多。同时，老顾客也比新顾客更加成熟，对商品和服务也更加熟悉。从"二八定律"可以看出，休闲体育健产业80%的盈利来源于20%的顾客，而这20%的顾客则是长期顾客。因此，休闲体育健身产业的长期用户才能保证其不断营利，而休闲体育健身产业既能用充值和办卡,又能用情感营销来俘获会员的"芳心"。

会员卡是会员在参与休闲健身活动时用作识别身份、登录或结算消费的凭证,会员分为荣誉会员、个人会员和团体会员三种形式。在进行会员制营销时必须注意:一是不能将目标顾客变成会员之后就不管不顾,这样会员流失也会很快,达不到会员制营销的效果;二是不能将目标顾客变成会员之后降低自身的服务质量或出现一些服务问题,这样也很容易导致一部分会员的流失。

(十)完善监督机制

一个好的管理体制必定是科学的、高效的,不能一味地追求扁平化,一味地压缩人力成本,这样不但会导致管理效率低下,也容易导致员工超负荷工作,找不到自己的工作方向,每天被大量的琐事困住。长此以往,员工找不到工作的意义,容易滋生与公司的矛盾,造成员工流失。休闲体育健身产业应该根据自己的实际情况选择和制定适合自己的管理体制,这样才能节省人力成本和时间成本,提高管理效率。

制定完善合理的规章制度,各个部门各司其职,团结合作,使员工找到自己的工作方向。同时增强员工对公司的归属感,使公司的规章制度能够顺利地执行,这样才能发挥规章制度的作用。同时完善监督机制、考核机制,把规章制度的执行度和效率与员工收益挂钩,这样才能发挥规章制度的最大作用。

完善客户反馈机制,重视会员的反馈建议和投诉信息,提高服务质量。会员的投诉应与相关部门的绩效挂钩,这样才能及时处理会员的投诉建议,挽回因公司失误而造成的损失,提高会员的体验感,使会员主动对品牌进行宣传,扩大会员体量,形成良好的休闲体育健身品牌形象和品牌效应,最终提升门店的营利能力是终极目标。

(十一)提高研培能力

休闲体育健身产业的各种核心技术,如智能门禁系统、智能储物系统等已经在各个品牌中应用,所以要想增强核心竞争力,除了完善已有的核心技术外,最应该做的是研发自己的课程体系,培养自己的教练团队,提高服务质量。这才是增强核心竞争力的根本。

培养自己的教练团队是休闲体育健身产业最重要的任务。众所周知,在休闲健身行业教练的流失率是很高的,各种原因造成这种现象,如业绩压力太大、商业健身俱乐部的考核机制、教练自身的原因等。所以培养自己的教练团队、增强团队稳定性，对于公司的长远发展是有百利而无一害的。教练团队的稳定关系到会员的稳定，所以现在很多智能健身俱乐部品牌都在谋求成立自己的健身学院，或者与其他健身培训学院进行紧密的合作。从健身小白开始，打造对自己的品牌有高度认知及能够跟着公司前进的教练团队。

研发新课程和培养自己的教练团队不是一件容易的事情，需要长期的投入和坚持才能看到回报，才能真正地提高自己的核心竞争力。

（十二）建立营销数据库

自20世纪90年代以来，数据库营销的影响力逐渐扩大。但数据库营销还存在对市场潜力认识不够、发展前景了解不够、营销方式运用不够等问题，这就导致了企业对于数据库营销长期处于一个讨论和探索的阶段。在这个时期，数据库营销仅产生了它的直接价值，而其潜在价值却一直被忽略。

纵观其发展历史，数据库营销的运用大概经历了三个阶段。首先是20世纪80年代以前，主要通过短信、邮寄、电话以及电视营销等方式进行直销。其次是20世纪80年代以后，由于计算智能化、数据库技术的升级和市场饱和引发的竞争加剧等因素，数据库营销的方法和技术被很多非直销领域的营销者运用在其生产和销售中。最后是20世纪90年代中期，某些营销者终于认识到了数据库营销的潜在价值，于是真正意义上的数据库营销应运而生。据美国一家营销公司的调查可知，85%的企业认为未来的市场竞争中数据库营销是不可或缺的，10%的企业已经通过数据库营销营利或者正在建立高效率的数据库。基于全球市场竞争的需要和互联网时代的需求，数据库营销是未来营销模式的主要潮流之一。

数据库营销是基于现代信息技术、营销学和统计学而形成的一门边缘学科。作为企业经营的一种全新的方式，数据库营销在技术的支持下集营销方法、营销工具于一身，提供了广阔的营销平台。美国数据库营销中心认为，数据库营销优于传统营销方式体现在其现有消费者和潜在客户的数量上。不仅如此，数据库营销还具有更新快、扩充性强的特点，这也是它在现代市场上受欢迎的原因之一。数据库营销作为一套动态数据管理系统，它的功能主要体现在两个方面。第一，数据库营销对不同类型的消费者能够合理地分析，比如通过分析老顾客的购物数据得到消费方向和喜好，达到与之建立长期良好关系的目的。第二，数据库营销通过建立针对特定企业和特定群体的数据库，可以实现：①及时与消费者互动和沟通；②使品牌在市场上更具竞争力；③提高营业额；④让销售的过程更快捷、简单。

美国数据库营销中心通过在实践中应用数据库营销得出的经验以及对其理论基础的分析得出：企业可以将各种与消费者相关的数据导入数据库中，以消费者为导向，通过所建立的营销数据库发现营销规律和营销问题，并由此针对性地进行营销推广以促成消费者的购买行为。

实施数据库营销时，休闲体育健身产业需要在总体战略、服务理念、人员配备和信息技术几个方面协同配合。开展数据库营销的基本战略包括以下几个方面。

①探究出适合休闲体育健身产业与客户接触沟通的有效方式。

②建立一个完整的客户服务体系，并识别哪些是优质客户，最大限度地保持其忠诚度。

③分析找出客户特征并用之来复制优质客户，不断测试检验，让每一次营销活动都能成为客户加深对休闲体育健身产业了解的机会。

④改变休闲体育健身产业的认知、人员角色与绩效系统，使之适应休闲体育场馆与客户关系的新架构。

⑤组建能有效管理数据库的专业团队，不断充实、升级营销数据库。同时，注重对客户的人文关怀，客户在特定节假日消费时给予一定的打折优惠等。

参考文献

［1］ 杨晓晨.基于SCP范式的城市休闲体育产业成长模式研究［M］.北京：北京体育大学出版社，2015.

［2］ 高红艳.我国居民体育休闲促进生活质量的理论与实证研究［M］.杭州：浙江大学出版社，2015.

［3］ 李崇飞.中国体育产业发展研究［M］.武汉：武汉大学出版社，2015.

［4］ 魏翔，韩玉灵.休闲旅游的环境与人群研究［M］.北京：中国经济出版社，2016.

［5］ 沈芸.休闲体育与全民健身研究［M］.西安：西安交通大学出版社，2017.

［6］ 李相如.中国休闲体育理论探索［M］.北京：北京体育大学出版社，2017.

［7］ 李龙.中国体育产业发展问题的伦理审视［M］.北京：中国经济出版社，2017.

［8］ 薛雨平.休闲体育的多维度研究［M］.北京：九州出版社，2017.

［9］ 谢朝波.当代体育产业发展与体育行为心理探究［M］.北京：北京日报出版社，2018.

［10］ 余少兵，朱莉.当代体育产业发展与心理学引入探究［M］.北京：中国原子能出版社，2018.

［11］ 胡昕.经济学视角下的中国体育产业发展研究［M］.青岛：中国海洋大学出版社，2018.

［12］ 黄燕飞.新时代高职学生休闲体育倾向特征研究［M］.杭州：浙江工商大学出版社，2019.

［13］ 李书娟.我国体育产业供应链融资模式研究［M］.武汉：武汉大学出版社，2019.

［14］ 苗苗.社会发展新常态下体育产业发展研究［M］.北京：中国原子能出版社，2019.

［15］谭建共，石磊，曹卫. 休闲体育项目策划与管理［M］. 北京：高等教育出版社，2020.

［16］罗珊. 浅谈休闲体育与高校校园文化建设［J］. 当代体育科技，2019，9（22）：191-192.

［17］徐音. 高校休闲体育发展中的若干问题及对策［J］. 当代体育科技，2019，9（23）：153-154.

［18］薛文忠. 新时代我国休闲体育发展的瓶颈与突破［J］. 体育学刊，2019，26（03）：45-49.

［19］李晨. 对休闲体育产业发展的有关分析［J］. 中国商论，2019（16）：223—224.

［20］刘文君. 论休闲体育消费对体育产业的影响研究［J］. 营销界，2019（38）：161.

［21］李子慧. 论新形势下休闲体育产业的社会价值［J］. 当代体育科技，2019，9（25）：241-242.

［22］周亚伦. 现代休闲体育的特质、发展态势及策略研究［J］. 佳木斯职业学院学报，2019（10）：264.

［23］黎勇军，彭律成，全爱清. 互联网时代休闲体育公共服务体系研究［J］. 花炮科技与市场，2020（02）：95-96.

［24］吕永胜，石振国. 我国休闲体育教育的现状、困境及路径选择［J］. 吉林体育学院学报，2020，36（02）：78-82.

［25］张天聪，葛耀. 高校休闲体育文化的构建［J］. 体育世界，2020（03）：85.

［26］徐康. 论实施休闲体育观念下的高校体育教学改革［J］. 当代体育科技，2020，10（06）：2-3.

［27］张冬亮. 新时代背景下城市休闲体育发展的现状研究［J］. 国际公关，2020（02）：30.